universität innsbruck

innsbruck university press

Karlheinz Töchterle (Hg.)

Köpfe zwischen Krise und Karriere

Karlheinz Töchterle
Rektor der Universität Innsbruck

1. Auflage
ISBN 978-3-902719-80-5
Alle Rechte vorbehalten.
© *innsbruck* university press 2010
Universität Innsbruck, Vizerektorat für Forschung
Layout: Carmen Drolshagen
Coverdesign: Gregor Sailer
Druck und Bindung: CPI Moravia

Inhaltsverzeichnis

Vorwort

Ein Theologe, ein Literaturwissenschaftler, ein Wirtschaftshistoriker, ein Rechtsgelehrter, ein Architekt, ein Ökonom, eine Medizinerin und schließlich eine größere Anzahl Naturwissenschaftler, darunter eine Frau und vier Nobelpreisträger (ein Physiker und drei Chemiker), dazu noch ein nach 1848 von den Behörden verfolgter Jusstudent: Der vorliegende Sammelband präsentiert dieses Kaleidoskop von Angehörigen der Leopold-Franzens-Universität Innsbruck seit 1826, als sie sich nach ihrer Wiedererrichtung nach dem des Gründers einen zweiten kaiserlichen Namen zulegen durfte. Franz I. bewilligte die Hebung der von den Bayern 1810 zu einem Lyzeum zurückgestuften Hochschule „zur Universität" und die Vergabe von Doktoraten der Philosophie und des Rechts. Zur Volluniversität üblichen Zuschnitts wurde unsere Alma Mater damals also noch nicht, die theologische Fakultät kam 1857 wieder dazu, die medizinische gar erst 1869, wobei es allerdings stets ein „medicinisch-chirurgisches Studium" zur Ausbildung von Wundärzten und Hebammen gegeben hatte.

Dies und anderes kann man in dem historischen Abriss des Geschichtswissenschaftlers Hans Voltelini nachlesen, der in den 1920er Jahren zur Gründungs- und Wiedergründungsgeschichte unserer Universität geforscht hat, und den wir der Sammlung vorangestellt haben.

Das Universitätshauptgebäude

Die biographischen Skizzen stammen von kompetenten Fachkolleginnen und -kollegen der Porträtierten. Ihnen allen gebührt so wie den Initiatoren Vizerektor Wolfgang Meixner, Universitätsarchivar Peter Goller, Uwe Steger, Leiter des Büros für Öffentlichkeitsarbeit, und unserem Verlag innsbruck university press Dank und Anerkennung für dieses Werk, das zwar dem Rückblick dient, aber auch Wünsche und Hoffnungen transportiert: Dass es gelinge, für unsere Region und unser Einzugsgebiet den Status einer reichhaltigen Volluniversität zu halten, seit dem UG 2002 nun eben, weil es der Gesetzgeber so wollte, in der Form zweier eng kooperierender Schwesteruniversitäten, und dass aus ihnen auch in Zukunft immer wieder glänzende wissenschaftliche Persönlichkeiten hervorleuchten mögen.

Karlheinz Töchterle,
Rektor der Universität Innsbruck

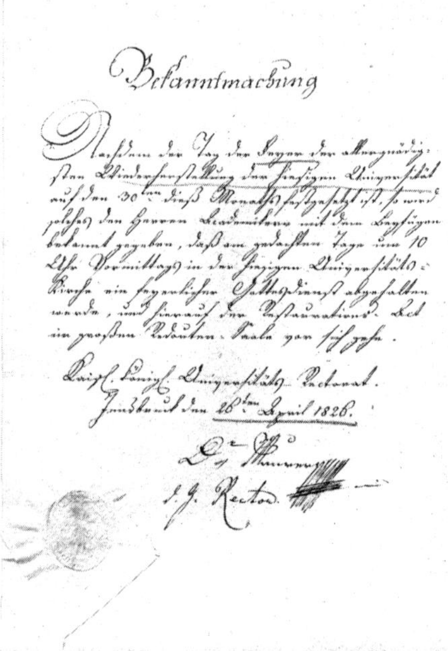
Bekanntmachung

Nachdem der Tag der Feyer der allergnädigsten Wiederherstellung der hiesigen Universität auf den 30ten dieß Monats festgesetzt ist, so wird solches den Herren Academikern mit dem Beyfügen bekannt gegeben, daß am gedachten Tage um 10 Uhr Vormittags in der hiesigen Universitäts=Kirche ein feyerlicher Gottesdienst abgehalten werde, und hierauf der Restaurations-Act im großen Redouten-Saale vor sich gehe.

Kaiserl. königl. Universitäts-Rectorat.
Innsbruck den 26ten April 1826.

[illegible]
d. z. Rector

Errichtungsurkunde der
Universität Innsbruck

Hans Voltelini

Wiedererrichtung der Universität Innsbruck

Kaiser Franz I. von Österreich genehmigte am 27. Jänner 1826 die Restauration der Universität Innsbruck mit zwei Fakultäten: „Ich bewillige, daß das Lyzeum zu Innsbruck zur Universität erhoben werde, mit der Befugniß, Doktoren der Philosophie und der Rechtsgelehrtheit zu kreiren, ohne daß jedoch die Profeßoren dieser Universität berechtiget seyn sollen, aus diesem Titel eine Erhöhung der Gehalte anzusprechen. Sollte eine solche Erhöhung jemals räthlich, und nothwendig scheinen, so kann auf dieselbe nur dann angetragen werden, wenn sie ausführbar ist, ohne daß hierzu der Staatsschatz direkte, oder indirekte in Anspruch genommen, und ohne daß der Kontribuent neu belastet werde. In Bezug des theologischen Studiums hat die neu bestehende Einrichtung fortzubestehen, und das medizinisch chirurgische Studium zur Bildung der Wundärzte hat in seinem jetzigen Zustande zu verbleiben, wie dies auch der Fall an der Universität zu Lemberg ist."

Zweite Neugründung

Am 30. April 1826 wird die Universität Innsbruck nach sechzehnjähriger Aufhebung (Herbst 1810) im Rahmen einer so genannten „Restaurationsfeier" neu eröffnet. Das alte Rektorszepter aus den Gründungsjahren um

1669 wird aus dem Gubernialarchiv geholt, es symbolisiert die Kontinuität zur alten, 1669 gegründeten Innsbrucker „Leopoldinischen Universität". Rektor Joseph Maurer, „k.k. Professor des Natur- und österreichischen Kriminalrechts", dankt im Frühjahr 1826: „Mit dem Gefühle freudiger Rührung empfange ich heute am festlichen Tage der zweiten Wiedergeburt unserer Universität aus den Händen Eurer Exzellenz und der hohen Landesstelle das akademische Szepter (...)." Zur Übergabe des Rektorszepters, dieses „heiligen Ueberrestes von der ersten Gruendung der Universitaet im Jahre 1673", gab das „auf dem Rennplatze vor dem Saal paradirende Scharfschuetzen-Korps eine General-Decharge" ab.

1826 erfolgte die zweite Neugründung der Universität Innsbruck: Erstmals war die Universität Innsbruck 1782 von Kaiser Josef II. aufgehoben und zu einem Lyzeum herabgestuft worden. Die erste Neugründung der Universität Innsbruck 1792 hatte bis zur Aufhebung durch den Bayernkönig im Herbst 1810 angehalten. Die Bayern beließen zu Innsbruck ein philosophisch-theologisches Lyzeum. Die Tiroler Medizin- und Rechtsstudenten sollten an den damaligen bayerischen Landesuniversitäten Landshut und Erlangen weiter studieren.

Leopold-Franzens Universität

Im Zuge der zweiten Wiedererrichtung wurde am 13. Juli 1826 der Name „Leopold-Franzens Universität" eingeführt. Am 10. März 1826 hatte das Tiroler Gubernium den entsprechenden Wunsch des Rektors den Wiener

Hofstellen vorgetragen: „Hierüber glaubt die Landesstelle die ehrfurchtsvolle Bitte an Seine Majestaet stellen zu sollen, daß Allerhöchstdieselben zu erlauben geruhen möchten, daß die hiesige Universität im dankbaren Gefühle an den erhabenen Stifter und an den großmüthigen Restaurator den Namen Leopoldino Franciscea führen dürfe."

Universitätsbetrieb mit 16 Professoren aufgenommen

Mit dem Studienjahr 1826/27 wird der Universitätsbetrieb dann mit einem „niederen" philosophischen Studium, mit einem vollen, d.h. mit Promotionsrecht ausgestatteten Rechtsstudium und mit einem „niederen" Wundarztstudium, insgesamt mit 16 Universitätsprofessoren und 479 Studenten sowie rund einem halben Hundert Wundarztkandidaten aufgenommen.

Fünf Professoren der Juridischen Fakultät und fünf Professoren der Philosophischen Fakultät zuzüglich zweier Sprachlehrer bestritten das engere universitäre Vorleseprogramm. Für die Ausbildung der „niederen" Wundärzte und Hebammen lehrten beim an der Universität Innsbruck seit 1816/17 eingerichteten und bis 1870/71 existenten „Medicinisch-chirurgischen Studium" sechs Professoren und zwei Assistenten, einschließlich eines Sections-Dieners.

Staatliches Aufsichtsorgan

Nach josephinischer Universitätsorganisation stand jeder Fakultät bzw. jedem „Studium“ ein „Studiendirector“ als staatliches Aufsichtsorgan vor. Der Studiendirektor, der dem Dekan an Rang vorging, gehörte in ranghoher Funktion der Tiroler Regierungsverwaltung als Gubernialrat an.

Administrativ unterstützt wurde der Lehrbetrieb von einem rechtskundigen Universitäts-Actuar, einem Universitäts-Pedell und einem Universitäts-Thorsteher. Der Universitätsbibliotheksdirektor wurde von einem Scriptor und einem Diener unterstützt.

Philosophisches „Vorstudium“

Der Vorlesungsbetrieb war streng nach Studienplan und nach Jahrgängen reglementiert. Die sog. „Lehr- und Lernfreiheit“ wurde erst zwei Jahrzehnte später in der Revolution von 1848 erkämpft. Im Vormärz wurde der Studienfortgang im Rahmen strenger Semesterprüfungen – wie am Gymnasium – überwacht.

Nach sechsjährigem Gymnasialstudium wurden die Studenten zum zweijährigen philosophischen Kurs an der Universität zugelassen. Erst nach erfolgreichem Abschluss („Philosophisches Absolutorium“) konnten die Studenten zum Theologiestudium an ein Priesterseminar oder an eine Theologische Fakultät, zum Medizinstudium an eine auswärtige Universität oder zum – in Innsbruck damals allein angebotenen – Rechtsstudium wechseln. Im Zuge der Universitätsreform des Ministers Leo Graf Thun-Hohenstein nach 1848 wurde das in der alten Artistenart gepflegte philosophische Studium an das um zwei Jahre und nunmehr mit der Matura abschließende Gymnasium übertragen, während die Philosophische Fakultät erst jetzt, aus ihrer Rolle als „untere Vorbereitungsfakultät" befreit und nach Humboldt'schem Universitätsmodell eingerichtet, zu einer gleichrangigen Fakultät geistes- und naturwissenschaftlicher Spezialstudien aufstieg.

Die beiden Innsbrucker Fakultätsstudien wiesen in jenen Jahren nach der Universitätsrestauration tendenziell sinkende Hörerzahlen auf:

	phil.St.	jur.St.	gesamt
1825/26	259	200	459
1826/27	274	205	479
1840/41	238	132	370
1846/47	255	141	396

Die 1822 auf Betreiben des Bischofs von Brixen wegen „josephinisch-rationalistischer" Tendenzen aufgehobene Theologische Fakultät wird 1857 neu als international konzipierte „Jesuitenfakultät" errichtet. Die 1810 aufgehobene Medizinische Fakultät wird 1869 neu gegründet.

Karl Rahner

Józef Niewiadomski

Karl Rahner

Wie kaum ein anderer prägte der deutsche Jesuit Karl Rahner die katholische Theologie des 20. Jahrhunderts und trug deshalb Enormes zur Bekanntheit der Innsbrucker Universität in der ganzen katholischen Welt bei. Dabei wurde er nur deshalb Fachtheologe, weil seine philosophische Dissertation 1936 in seiner Heimatstadt Freiburg im Breisgau nicht akzeptiert wurde (das Werk wurde 1938 unter dem Titel „Geist in Welt" publiziert und stellte einen Meilenstein auf dem Weg der Erneuerung katholischer philosophischer Tradition dar). Von der Ordensleitung im Jahre 1936 „auf Theologie" umdirigiert, kam der am 5. März 1904 geborene, nachdem er die gängige philosophisch-theologische Ausbildung des Jesuitenordens mit besten Noten absolviert hatte und 1933 zum Priester geweiht worden war, als Jungjesuit nach Innsbruck, wo er auch seinem Bruder begegnete. Der um vier Jahre ältere Hugo dozierte zwischen 1935 und 1962 Dogmen- und Kirchengeschichte sowie Patrologie an der Alma Mater Oenipontana und war 1949/50 auch ihr Rector Magnificus. Nachdem er in Innsbruck in kürzester Zeit mit einer patristischen Arbeit in Dogmatik promoviert und sich auch habilitiert hatte, übernahm Karl Rahner bereits im Jahre 1937 die Dozentur für Dogmatik. Mit seiner gewaltigen Stimme und seiner mitreißenden Rhetorik wurde er schon bald zum Aushängeschild der Fakultät.

Im selben Jahr hielt er die berühmt gewordenen religionsphilosophisch-fundamentaltheologischen Vorlesungen bei den Salzburger Hochschulwochen (auch dieses 1941 unter dem Titel „Hörer des Wortes“ publizierte Werk stellt ein Meisterstück anthropologischer Reflexion dar). Gleichzeitig veröffentlichte er im Innsbrucker Verlagshaus Felizian Rauch eine Sammlung von Meditations- und Gebetstexten: „Worte ins Schweigen“; dieses Werk wurde zu einem der meist verlegten und meist übersetzten Texte des großen Systematikers. Die ersten Schritte seiner Innsbrucker Karriere stehen paradigmatisch für den gesamten wissenschaftlichen Weg Rahners: Philosophisch-theologische Reflexion des katholischen Glaubens im Kontext der kulturellen, wissenschaftlichen und kirchenpolitischen Umwälzungen des Jahrhunderts auf der einen Seite und die aus dem Geist der traditionellen jesuitischen – ignatianisch geprägten – katholischen Spiritualität auf allgemein verständlichem sprachlichen Niveau verbreiteten „Schriften für Jedermann“ auf der anderen Seite. Der Dogmatiker war eben auch ein Spiritualitätsmeister erster Klasse. Die Aufhebung der Theologischen Fakultät durch die Nationalsozialisten im Jahre 1938 unterbrach die sich glänzend ankündigende Innsbrucker Karriere. Rahner ging nach Wien und arbeitete dort am Seelsorge-Institut mit. Nach dem Krieg hielt er die theologischen Vorlesungen an der ordenseigenen Fakultät: am Berchmanskolleg in Pullach bei München, bis er 1949 als ordentlicher Professor für Dogmatik und Dogmengeschichte nach Innsbruck zurückkehren durfte. Die Entwicklung, die mit dieser Rückkehr einsetzte, kennt keinen Präzedenzfall in der Geschichte der Fakultät. Innsbruck wird zum „Mekka“

der katholischen Theologie: Promovenden aus der ganzen Welt, Tagungen, bei denen alle Größen der deutschsprachigen Theologie nach Innsbruck reisten, die von Rahner inspirierten Herausgaben und Neuauflagen von theologischen Standardwerken (wie des „Lexikons für Theologie und Kirche"): Rahner wurde zum Synonym einer zeitgemäßen akademischen Theologie. Daneben stand er auch regelmäßig auf der Kanzel der bis auf den letzten Platz gefüllten Jesuitenkirche. 1959 wurde er in eine Vorbereitungskommission für das Zweite Vatikanische Konzil berufen, der Wiener Erzbischof Franz Kardinal König wählte ihn als seinen privaten Konzilsberater aus, Johannes XXIII. ernannte ihn zum offiziellen Peritus (Konzilstheologen). Der Innsbrucker Dogmatiker wurde somit zu einem der einflussreichsten Theologen des Konzils; die wichtigsten Konzilsdokumente – wie die dogmatische Konstitution „Lumen gentium" – tragen deutlich seine Handschrift. 1964 wechselte er als Nachfolger Romano Guardinis auf den Lehrstuhl für Christliche Weltanschauung und Religionsphilosophie an der Universität in München, war dort aber nicht ganz glücklich, weshalb er – der weltberühmte Mann – noch im Jahre 1967 den Ruf als Dogmatiker nach Münster annahm, wo er schon vier Jahre später emeritierte. Seinen Traum, wieder nach Innsbruck zurückzukommen, konnte er erst 1981 verwirklichen. So verbrachte er die letzten Jahre im Umkreis jener Fakultät, die ihm zur akademischen Heimat geworden war. Der unermüdlich arbeitende Mann hielt engsten Kontakt zur Fakultät, etablierte auf Wunsch der Studierenden ein Abendkolloquium, bei dem alle Fragen erlaubt waren und bei dem er in voll besetzten Räumen frei assoziierte, und er war glücklich, wenn Studierende oder junge Assistenten – an den Tagen, wo er im Lande war – mit ihm Eis essen gingen. Am 30. März 1984 – kurz nach seinem 80. Geburtstag – starb er in Innsbruck und wurde in der Krypta der Jesuitenkirche – unter der Anteilnahme fast aller Granden der katholischen Theologie – begraben.

Die Anzahl der Themen, mit denen sich Rahner beschäftigte, ist Legion. Die Herausforderungen der modernen Technik und der naturwissenschaftlichen Entwicklungen waren ihm genauso ein Herzensanliegen wie die Ökumene christlicher Konfessionen, das Verhältnis des Christentums zu anderen Religionen und der Strukturwandel der katholischen Kirche. Die Sorge um die Rezeption des Zweiten Vatikanischen Konzils brachte den akademischen Emeritus um seinen Schlaf, sie machte ihn zu einem unermüdlichen Reisenden in Sachen Erneuerung der Kirche und zum mutigen Mahner gegen einen kirchlichen „Marsch ins Ghetto". Der Kritiker Rahner war eben ein Kirchenmann, und dies durch und durch. Die ganz konkrete Kirche war ihm zu einer derart selbstverständlichen Heimat geworden, dass er sich ein Leben ohne diese unmöglich vorstellen konnte. Den Fragesteller, der ihn nach einer Veranstaltung fragte, wieso er, der oft in kirchlichen Kreisen – gar im eigenen Orden – angefeindete Theologe, noch in der Kirche bleibe, konnte Rahner nur verständnislos anschauen. Mit der Formulierung „anonyme Christen" ging seine Theologie sogar in den Bereich der Alltagssprache ein. Aus der Welt der einengenden Neuscholastik kommend, brach er mutig in die Weiten der modernen plural strukturierten Welt auf und dies gerade deswegen, weil ihm die Wahrheit der universalen Liebe Gottes zu einem unaufgebbaren Dogma wurde. Der Heilsuniversalismus im Kontext des christlichen Gottesverständnisses: „Gott will, dass alle gerettet werden", und die im besten Sinne des Wortes verstandene Demut des Menschen vor der allumfassenden – sich letztendlich durchsetzenden – göttlichen Gnade positionieren diesen Denker sowohl in der Mitte der Kirche als auch im Zentrum der modernen Welt; und sie verleihen ihm den Glanz eines von Optimismus erfüllten weltzugewandten Theologen! Eine Anekdote soll das Kurzportrait abschließen: Dem verwunderten Besucher, der bei einem Besuch im Zimmer des Professors einen Blick auf die Bücherwand warf und die Frage äußerte: „Haben Sie all diese Bücher gelesen?", antwortete der Vielschreiber: „Nein, ich habe sie alle geschrieben". Seine im Herderverlag gerade erscheinenden „Gesammelten Werke" sind auf zweiunddreißig Bände ausgelegt. Als Mensch seiner Zeit bemühte er sich, jene Fragen theologisch zu formulieren, die der sprichwörtliche Mensch auf der Straße stellte. Als ein mit dem wissenschaftlichen Diskurs der Zeit schritthaltender Denker positionierte der mit fünfzehn Ehrendoktoraten und anderen Auszeichnungen geradezu überschüttete Wissenschaftler die katholische Theologie mitten in der universitären Welt. Als tiefgläubiger Mensch stand er staunend vor der Unermesslichkeit der göttlichen Gnade. Je älter er wurde, umso gespannter schien er auf jene Begegnung zu warten, deren rationaler Erschließung er sein Leben gewidmet hatte: der Begegnung mit dem letztlich unbegreiflichen Dreifaltigen Gott.

© Arno Gisinger

Zoran Konstantinović

Martin Sexl

Zoran Konstantinović

1970 wurde in Innsbruck die erste Professur und später auch das erste Studium für Vergleichende Literaturwissenschaft in Österreich eingerichtet. Zoran Konstantinović leitete als erster Lehrstuhlinhaber die Geschicke der Vergleichenden Literaturwissenschaft an der Universität Innsbruck zwanzig Jahre lang.

> *In der Literatur steckt die ganze Erfahrung der Menschheit. Sie müssen das gar nicht alles selbst erlebt haben, finden aber in der Literatur alles, was der Mensch erleben kann, fühlen kann, alles, was er weiß. Wenn Sie viel lesen, können Sie sich das aneignen. Und das ist auch das Schöne des Literatur-Unterrichts: Man nimmt einen Tropfen, irgendeinen Text, den man ans Licht hält. Und dann sieht man, wie er in allen Farben schillert, und was man da alles herausholen kann, in welcher Sprache auch immer. Das ist etwas Wunderschönes.* (Zoran Konstantinović)

Das heutige Verständnis von Literatur ist sehr offen und umfasst „alles Geschriebene", also nicht nur Werke des literarischen Kanons, sondern auch Werbesprüche, Trivialliteratur oder politische Reden. Die Vergleichende Literaturwissenschaft setzt nun nicht nur literarische Texte aus verschiedenen Sprachen und/oder Kulturen in Bezug zueinander, sondern fragt auch nach den Charakteristika der Verbindungen zwischen Literatur und den so genannten „anderen Künsten" (Malerei, Film, Theater, Tanz, Neue Medien etc.) sowie anderen „kulturellen Phänomenen" (Politik, Philosophie, Wirtschaft, Rechtswesen etc.). „Interkulturalität" und „Intermedialität" zählen zu den Schlüsselbegriffen des Faches.

Diese Offenheit, diese Breite und diese Aktualität sind inzwischen konstitutiv für die Vergleichende Literaturwissenschaft, was auch innerhalb des Faches nicht immer selbstverständlich war und sich in einem Prozess, der sich über einige Jahrzehnte erstreckt, erst durchsetzen musste. Dass dies gelang und sich ein moderner und attraktiver Zugang zu literarischen Phänomenen vor allem an der Innsbrucker Universität verankern konnte, ist nicht zuletzt dem Wirken von Zoran Konstantinović zuzuschreiben, der die Innsbrucker Vergleichende Literaturwissenschaft begründete und so lange anführte.

1920 in Belgrad geboren, erlebte Zoran Konstantinović als Soldat der jugoslawischen Armee den Zweiten Weltkrieg. Nach der Kriegsgefangenschaft studierte er ab 1945 in Zagreb und in Belgrad Germanistik und arbeitete bis 1970 als Professor für Germanistik an der Belgrader Universität. Im selben Jahr wurde er auf den ersten österreichischen Lehrstuhl für Vergleichende Literaturwissenschaft an die Universität Innsbruck berufen. Dort baute er ein Studium und ein dazugehöriges Institut auf, das er bis zu seiner Emeritierung im Jahre 1990 leitete. Zehn Jahre nach seiner Rückkehr nach Belgrad verstarb Zoran Konstantinović dort im Mai 2007.

Er war ein herausragender Wissenschaftler und unermüdlicher Vermittler, der viel Verständnis für andere Kulturen mitbrachte, kam er doch selbst als Nachfahre einer „Grenzerfamilie" (seine Vorfahren waren kaiserliche Offiziere) – also jener serbischen Bevölkerungsgruppe, die von den Habsburgern im 17. Jahrhundert als ‚Schutzwall' gegen die Osmanen unter anderem in der Vojvodina angesiedelt wurde – aus einer historisch sensiblen Region. Der Innsbrucker Vergleichenden Literaturwissenschaft kam sowohl in der Forschung als auch in der Lehre diese herausragende Kommunikationsfähigkeit zugute, wie etwa in der Ausrichtung des alle drei Jahre statt findenden Welt-Kongresses der „International Comparative Literature Association" 1979 in Innsbruck deutlich wird. Zoran Konstantinović verstand seine wissenschaftliche Arbeit als die eines Brückenbauers: „Nachbarschaft war für ihn immer auch schon eine wissenschaftstheoretische Kategorie", konnte in den 1980er-Jahren der bekannte Konstanzer Literaturwissenschaftler Hans Robert Jauß folgerichtig sagen.

Zoran Konstantinović beherrschte viele Sprachen und vertrat somit im besten Sinne des Wortes die Idee der Weltliteratur und ihrer humanistischen Grundlegung. Er ordnete sich damit in jene Tradition ein, die den Weltliteraturbegriff in der Goetheschen Bedeutung als „Prozess der kommunikativen Vermittlung" verstand, allerdings sah er auch die weniger helle Seite eines humanistischen Konzepts der Weltliteratur, nämlich Tendenzen der Überformung von Kulturen durch eine dominante Kultur. Seine weit gestreuten wissenschaftlichen Interessen reichten von den Literaturen Mitteleuropas und des Donauraums, den slawisch-deutschsprachigen Literaturbeziehungen über die naive Malerei oder die Choralmusik bis zu Autoren wie V. S. Naipaul oder Salman Rushdie. Diese Interessen fanden in mehr als 600, wissenschaftlich teils wegweisenden, Publikationen ihren Niederschlag. Unter den deutschsprachigen Monographien sind vor allem hervorzuheben „Phänomenologie und Literaturwissenschaft" (1973), „Weltliteratur. Strukturen, Modelle, Systeme" (1979), das einführende Handbuch „Vergleichende Literaturwissenschaft. Bestandsaufnahme und Ausblicke" (1988) und „Eine Literaturgeschichte Mitteleuropas" (2003; gemeinsam mit Fridrun Rinner).

Als renommierter Literaturwissenschaftler wurde Zoran Konstantinović in der Fachwelt seit jeher sehr geschätzt, mit der Einmischung in die österreichische Außenpolitik sowie in die Diskussionen in Rundfunk, Fernsehen und Printmedien im Rahmen der Balkankriege Anfang der 1990er Jahre wurde er auch einer breiteren Öffentlichkeit bekannt. Zwar warnte er immer vor den drei „P" – LiteraturwissenschaftlerInnen sollten sich vor *P*resse und *P*olitik hüten, ebenso davor, sich selbst *p*oetisch zu betätigen –, missachtete diese Warnung jedoch selbst, um vor den in seinen Augen fatalen Folgen der Politik einer verfrühten Anerkennung der Souveränität Sloweniens und Kroatiens zu warnen. Mit Thomas Mann, der ebenso vor der Einmischung des Intellektuellen in politische Belange gewarnt hatte, diese aber dann einforderte, sollte das Schicksal eines Landes auf dem Spiel stehen, erklärte Zoran Konstantinović seinen Gang in die Medien und seine politischen Interventionen.

Auf diesem Gang wagte er sich in der Öffentlichkeit manchmal auch weit vor, hielt die Idee eines gesamtjugoslawischen Staates bis zuletzt hoch und warb auch für Verständnis – nicht jedoch für eine Entschuldigung! – für die serbische Politik, was ihm nicht nur harsche Reaktionen in Politik und Medien eintrug, sondern auch viele seiner FachkollegInnen irritierte. Wenn auch seine politischen Stellungnahmen in den 1990er-Jahren von dem abgewichen sein mögen, was viele in der europäischen Öffentlichkeit damals wie heute für richtig ansahen und sehen, so bleibt, dass die Geschichte und auch die Geschichtswissenschaft Zoran Konstantinović inzwischen in Teilen recht gegeben haben. Was ebenso und vor allem bleibt, ist das vielfältige Fortwirken des Wissenschaftlers Zoran Konstantinović.

Victor Franz Hess

Rudolf Steinmaurer

Victor Franz Hess

Victor Franz Hess war einer jener letzten österreichischen Physiker, die den Umbruch, der sich vor etwa einem Jahrhundert in der Physik vollzogen hatte, tätig miterlebten. Hess' Lehrer gehörten noch der „alten Schule" an, er selbst aber ist durch seine Entdeckung der kosmischen Strahlung einer der Begründer der modernen Physik geworden. Denn die Entdeckung der kosmischen Strahlung kann sich in ihrer Bedeutung beinahe mit jener der Radioaktivität am Ende des vorletzten Jahrhunderts messen, ging doch von ihr eine Fülle von Anregungen für alle Gebiete der Naturwissenschaften aus und wurde doch ihre Erforschung zu einer Quelle neuer Erkenntnisse, die bis heute nicht versiegt ist.

Hess wurde am 24. Juni 1883 auf Schloss Waldstein bei Deutsch-Feistritz in der Mittelsteiermark als Sohn eines Forstrates geboren. Nach Absolvierung des Gymnasiums studierte er 1901 bis 1905 an der Universität Graz bei Leopold v. Pfaundler Physik. In seiner Dissertation behandelte Hess das Brechungsvermögen von Mischungen zweier Flüssigkeiten unter Berücksichtigung der beim Mischen eintretenden Volumsänderung. Am 16. Juni 1906 wurde er sub auspiciis Imperatoris zum Dr. phil. promoviert. Hess hatte ursprünglich die Absicht, sich bei Drude in Berlin weiter optischen Studien zu widmen, aber durch den plötzlichen Tod Drudes kam dieser Plan nicht zur Ausführung. Pfaundler verschaffte ihm nun einen Arbeitsplatz bei Franz Exner am 2. Physikalischen Institut der Universität Wien.

Der Eintritt in das Wiener Institut wurde für Hess' weitere wissenschaftliche Entwicklung entscheidend, denn er wurde nun in die Radioaktivität und Luftelektrizität eingeführt, Fachgebiete, denen er sein Leben lang treu blieb und in denen er seinen großen Erfolg errang. Exner hatte einen Kreis von hochbegabten Mitarbeitern und Schülern um sich geschart, von denen nur die Namen Benndorf, Hasenöhrl, Hevesy, Kohlrausch, Lecher, Mache, St. Meyer, Paneth, Przibram, v. Schweidler genannt seien. Auch Schrödinger und Thirring gehörten später diesem Kreis an, der sozusagen eine Familie bildete und in dem jeder Gelegenheit hatte, seine Fähigkeiten voll zu entfalten. In dieser Zeit veröffentlichte Hess seine ersten Untersuchungen über Strahlung und Zerfallskonstante verschiedener radioaktiver Stoffe. Mit der Arbeit „Absolutbestimmungen des Gehaltes der Atmosphäre an Radiuminduktion" habilitierte sich Hess 1910 und erhielt im gleichen Jahr die Stelle eines Ersten Assistenten am neugegründeten Institut für Radiumforschung in Wien, dessen Direktor St. Meyer war. Hess fand in ihm einen Freund und großzügigen Förderer seiner Arbeiten. An diesem Institut eröffnete sich für Hess ein weites Betätigungsfeld. Die Erforschung der Radioaktivität stand damals erst in den Anfängen, und die zur Verfügung stehenden Mittel ermöglichten die Bearbeitung einer Fülle von Problemen. Von Exner zu luftelektrischen Studien angeregt, widmete Hess sich besonders der Untersuchung der in der Atmosphäre enthaltenen radioaktiven Stoffe, bestimmte den Ionengehalt der Atmosphäre unter verschiedenen Bedingungen usw. Die glückliche Kombination seiner Erfahrungen sowohl auf dem Gebiete der Radioaktivität als auch der Luftelektrizität führte schließlich zur Entdeckung der kosmischen Strahlung.

Diese Beobachtungen von Hess wurden im darauffolgenden Jahr von W. Kolhörster bestätigt. Aber trotzdem wurden anfangs Bedenken gegen die Hess'schen Messungen erhoben. Man beargwöhnte die Apparaturen, diskutierte die Möglichkeit, dass sich auf dem Ballon radioaktive Induktionen angehäuft hatten, dass sich ein radioaktives Gas oder radioaktive Induktionen in der Tropopause angesammelt hatten, Einwände, die aber alle im Laufe der Zeit entkräftet werden konnten. Auf Grund eigener – wie sich nachträglich herausstellte, mit untauglichen Mitteln unternommener – Versuche bezweifelten noch in den zwanziger Jahren Millikan und Mitarbeiter „die Existenz einer Strahlung, die die angenommenen Eigenschaften besitze". In Europa gehörte vor allem G. Hoffmann zu den Skeptikern. Nach Wiederholung ihrer Messungen mussten aber alle ihre Ansicht revidieren. Auch Prioritätsstreitigkeiten blieben Hess nicht erspart, vor allem mit Millikan, aber auch mit Kolhörster. Erst die Zuerkennung verschiedener wissenschaftlicher Preise, vor allem die des Nobelpreises, schuf eine klare Entscheidung.

Aber versetzen wir uns zurück in die Jahre um 1910. Das physikalische Weltbild war damals im Umbruch. Neben die klassische Physik war die neue Quantenphysik getreten. Die Entdeckung der Radioaktivität hatte die These von der Unteilbarkeit der Atome zerstört, eine neue Disziplin, die Atomphysik, begann sich zu entwickeln. Das damalige Wissen reichte jedoch kaum über die Kenntnis der Gesetze des radioaktiven Zerfalls, über die Natur der radioaktiven Strahlungen hinaus, und weder die Nebelkammer noch das Zählrohr waren zu diesem Zeitpunkt schon erfunden. Von Kern und Hülle wusste man nichts, und die Worte Kernphysik, geschweige denn Hochenergiephysik existierten noch nicht im Wortschatz der Physiker. Dies war die Situation, in die Hess' Entdeckung fiel: Die Zeit war für das Verständnis der kosmischen Strahlung noch nicht reif. Rückblickend begreifen wir daher, dass die Entdeckung vorerst nur bei einem kleinen Forscherkreis Beachtung fand, und Hess selbst konnte damals noch nicht ahnen, welch ungeheure Bedeutung der kosmischen Strahlung in der Physik einmal zukommen werde. Aber er war sich dessen bewusst, etwas grundlegend Neues gefunden zu haben, und er entwickelte ein Programm, in dem die zeitlichen Schwankungen der Strahlung, die man, den Kenntnissen der damaligen Zeit entsprechend, für eine sehr harte Gammastrahlung hielt, in internationaler Zusammenarbeit verfolgt werden sollten, ein Programm, das, wesentlich erweitert und in moderner Form, vier Jahrzehnte später im Rahmen des Internationalen Geophysikalischen Jahres verwirklicht wurde. Hess gelang es, 1913 für ein Jahr Dauerbeobachtungen auf dem Hochobir in Kärnten einzurichten. Allen weiteren Arbeiten über die Strahlung setzte der Beginn des ersten Weltkrieges ein Ende. Hess wandte sich nun wiederum dem Gebiete der Radioaktivität zu, aus dem er in der Zeit zwischen 1910 und 1914 neun Arbeiten veröffentlicht hatte. So stammt von ihm eine Verbesserung der Gammastrahlen-Methode zur Radium-Bestimmung, er maß die Wärmeproduktion des von seinen Zerfallsprodukten befreiten Radiums und führte neue Reichweitemessungen an Polonium-, Thorium- und Aktinium-Präparaten aus. Im Krieg war Hess Leiter der Röntgenabteilung eines Reservelazarettes, daneben führte er mit Lawson, einem Engländer, der in Wien vom Kriegsausbruch überrascht worden war, eine international anerkannte Präzisionsbestimmung der Zahl der von 1 g Radium sekundlich ausgesandten a-Teilchen aus und wendete als erster die Rutherford-Geigersche Zählkammer auf die Zählung von Gammastrahlen an.

Bereits im Jahre 1908 hat Hess einen Lehrauftrag für Physik an der Tierärztlichen Hochschule in Wien erhalten. Im Herbst 1920 wurde er zum Extraordinarius an der Grazer Universität ernannt. Fast gleichzeitig erhielt er als einer der ersten Ausländer nach dem ersten Weltkrieg eine Berufung nach den USA, und zwar als Chefphysiker der US Radium Corporation in Orange, N.Y. Damit aber war seiner Tätigkeit in Wien ein Ende gesetzt.

Hess richtete in der genannten Radiumfabrik ein Forschungslaboratorium ein, daneben hielt er Vorträge an Universitäten und auf Kongressen. Bald wurde er auch zum „Consulting physicist“ im US Bureau of Mines im Ministerium des Inneren ernannt, eine für einen Ausländer seltene Ehre. Aus dieser Zeit stammen vor allem Arbeiten über medizinische Anwendungen des Radiums und über neue und verbesserte Methoden zur Bestimmung des Radiumgehaltes von Erzen. Auch eine

Apparatur zur Reinigung der Radiumemanation wurde in Amerika entwickelt.

Trotz günstiger Angebote seitens der amerikanischen Industrie zog es Hess vor, nach zweijähriger Beurlaubung wieder an seine Grazer Lehrkanzel zurückzukehren, wo er 1925 zum Ordinarius ernannt wurde. Da in Graz jedoch keine Radium-Präparate und auch sonst nur sehr beschränkte Mittel zur Verfügung standen, setzte Hess mit Unterstützung der Akademie in Wien und der Notgemeinschaft in Berlin seine seinerzeit begonnenen luftelektrischen Forschungen fort. In diese Zeit fällt auch die Abfassung des Buches „Die Leitfähigkeit der Atmosphäre und ihre Ursachen", das in der Sammlung Vieweg erschienen ist und ins Englische übersetzt wurde, sowie die mit Benndorf gemeinsame Bearbeitung des Abschnittes „Luftelektrizität" in Müller-Pouillets Lehrbuch der Physik, 11. Auflage. In zahlreichen Messungen in reiner Landluft und während zweier Sommer auf Helgoland untersuchte er die Frage, ob die bekannten Ionisatoren der Atmosphäre quantitativ ausreichend seien, um den beobachteten Ionisationszustand der Luft hervorzurufen. Hess konnte durch seine Messungen die Ionisierungsbilanz über dem Meer völlig befriedigend erklären. Auch in der späteren Innsbrucker Zeit hat sich Hess zusammen mit seinen Schülern mit Ionenzählungen, Kondensations- und Staubkernen beschäftigt. Seine Erfahrungen legte er in der Monographie „Ionisierungsbilanz der Atmosphäre" (Gerlands Ergebnisse der kosmischen Physik, 1933) nieder. In der Grazer Zeit begann Hess wieder über kosmische Strahlung zu arbeiten, an der das Interesse vor allem durch die Beobachtungen von Millikan in den USA (ab 1922) und Hoffmann in

Königsberg (1925) wachgerufen worden war. Hess organisierte zwei Expeditionen auf den Sonnblick (3100 m) und veranlasste dort eine Registrierung der zeitlichen Schwankungen der Strahlung für die Dauer eines Jahres.

Als Hess im Jahre 1931 eine Berufung nach Innsbruck erhielt, leistete er dieser um so lieber Folge, als sich ihm dort die Gelegenheit bot, mit Unterstützung in- und ausländischer Stellen auf dem mit der Seilbahn leicht erreichbaren Hafelekar (2300 m) ein Laboratorium einzurichten. Im Herbst 1931 begann er eine Dauerregistrierung der kosmischen Strahlung, die, von zeitbedingten Unterbrechungen abgesehen, mit modernen Apparaten noch heute geführt wird. Auch Untersuchungen mit einer Nebelkammer über schwere Teilchen in der Strahlung, Absorptionsmessungen in Blei und Eisen mit Zählrohren, Parallelmessungen der Strahlung am Hafelekar und in Innsbruck, Wasserversenkmessungen im Lanser See, Untersuchungen über biologische Wirkungen der Strahlung an Kaninchen, Taufliegen und Samenkörnern (gemeinsam mit J. Eugster) fielen in die Innsbrucker Zeit. Hess hatte sich eine Reihe von Mitarbeitern und Schülern herangezogen, die er auch in Fortsetzung seiner Arbeiten an luftelektrischen Problemen arbeiten ließ. Hess stand in diesen Jahren wohl auf dem Gipfel seiner Schaffenskraft. Er schrieb über seine Tätigkeit in Innsbruck: „Die Arbeiten daselbst kann ich wohl zusammen mit jenen des Jahres 1912, die zur Auffindung dieser neuen Strahlung geführt haben, als mein Lebenswerk bezeichnen."

Leider wurde die Innsbrucker Zeit durch die nach einer schweren, in Wien zugezogenen Radiumverbrennung notwendig gewordene Amputation eines Daumens sowie durch eine Kehlkopfoperation im Jahre 1934 getrübt und auch durch Wolken verdüstert, die sich damals am politischen Himmel zusammenzogen. Im Jahre 1937 nahm Hess eine Berufung nach Graz an als Nachfolger Benndorfs. Aber bereits im darauffolgenden Jahr, nach der Besetzung Österreichs, wurde er in den Ruhestand versetzt und hierauf ohne Pension entlassen. Auch der Nobelpreis, der ihm 1936 gemeinsam mit C. D. Anderson verliehen worden war, ging verloren, denn Hess wurde gezwungen, das Kapital gegen deutsche Reichsschatzscheine umzutauschen. Hess hatte aus seiner kosmopolitischen Einstellung, die er auf Grund vieler Auslandsaufenthalte gewonnen hatte und zu der er sich trotz seiner Liebe zu seiner Heimat bekannte, nie ein Hehl gemacht, und er war überzeugter Katholik. Da seinem konzilianten Wesen widersprechend, lehnte er Gewaltmethoden strikte ab. Da aber sein Interesse stets nur der Wissenschaft gegolten und er sich nie aktiv politisch betätigt hatte, empfand er die Behandlung durch die neuen Machthaber umso schmerzlicher. Aus vollem Schaffen herausgerissen – ein schwerer Verlust für Österreichs Wissenschaft –, verließ Hess im Herbst 1938 seine Heimat, um in New York an der Fordham University seine Arbeiten fortzusetzen, wo sich ihm ein neues Wirkungsfeld eröffnet hatte, dem er bis zu seiner Emeritierung im Jahre 1956 treu geblieben ist.

An eine Weiterführung der experimentellen Arbeiten über kosmische Strahlung war zunächst nicht zu denken. Auch später, als die USA in den Krieg eintraten, flossen die Mittel für Arbeiten über kosmische Strahlung nicht allzu reichlich. Trotzdem blieb Hess in den Kriegs- und Nachkriegsjahren auf diesem Gebiet nicht untätig. Etwa 50 Veröffentlichungen, die zum Teil auch Fragen der Ionisierungsbilanz der Atmosphäre, der Radioaktivität von Gesteinen, später auch Fragen des Strahlenschutzes und der Radiobiologie betrafen, waren die Früchte der Arbeit dieser Jahre. Wieder in die erste Reihe auf dem Gebiet der Strahlenforschung vorzudringen, gelang Hess allerdings nicht mehr. Denn Mittel, wie sie für den Bau einer großen Nebelkammer, für Registrierballon-Aufstiege in die Stratosphäre, für Großversuche mit Kernspurplatten erforderlich gewesen wären, standen ihm in den USA nicht zur Verfügung. Das Positron, die verschiedenen Mesonen und Hyperonen in der kosmischen Strahlung wurden daher von anderen gefunden, und die Natur und das Energiespektrum der Primärstrahlung und die Wechselwirkung der energiereichen Teilchen mit der Materie wurden ebenfalls von anderen erforscht.

Obgleich sich Hess rasch in den USA eingelebt hatte, blieb er in seinem Inneren stets Österreicher. Zu wiederholten Malen besuchte er nach Kriegsende seine alte Heimat. Im Sommer 1948 konnte ihn die Universität Innsbruck für ein Semester als Gastprofessor begrüßen. Auch seinen 75. Geburtstag feierte Hess in seiner Heimat. Der wiederholt an ihn ergangenen Einladung, wieder ganz nach Österreich zurückzukehren und wieder eine Lehrkanzel zu übernehmen, Folge zu leisten, konnte er sich allerdings nicht entschließen.

Hermann Wopfner

Wolfgang Meixner

Hermann Wopfner

Hermann Wopfner wurde als Sohn einer gutbürgerlichen Kaufmannsfamilie mit weit zurückreichenden Wurzeln im Tiroler Bauerntum (Hof Wopfenstatt am Wattenberg) am 21. Mai 1876 in Innsbruck geboren. Er studierte Geschichts- und Rechtswissenschaft und unterrichtete ab 1904 an der Universität Innsbruck Wirtschaftsgeschichte, nach 1909 zusätzlich Österreichische Geschichte. Im jungen Alter von nur 32 Jahren wurde Wopfner zum Universitätsprofessor für beide Fächer ernannt. In dieser Position bat er 1941 um seine vorzeitige Entlassung in den Ruhestand, den er mit der Arbeit am berühmten „Bergbauernbuch“ auf seinem Bauerngut in Natters verbrachte.

Die Arbeitsschwerpunkte Wopfners lagen in der Tiroler Wirtschafts- und Siedlungsgeschichte sowie in der Erforschung der bäuerlichen Kultur, was ihm den Beinamen „Bauernforscher“ eintrug. Der zeitliche Rahmen seiner Arbeiten bewegte sich zwischen der ersten Besiedlung Tirols bis kurz nach dem Zweiten Weltkrieg. Wopfner gilt als Begründer der Tiroler „Heimatkunde“ und als Bahnbrecher der Tiroler Siedlungsgeschichte.

Hermann Wopfner war alles andere als ein realitätsferner Wissenschaftler, der von einem universitären Elfenbeinturm aus über Dinge schrieb, die er nie selbst erfahren hatte. Planmäßig durchwanderte er die Täler Tirols, lernte Land und Leute kennen und beobachtete aus nächster Nähe Arbeitstechniken, Traditionen und Lebensweise der Bergbauern. Diese jahrzehntelangen Feldforschungen wusste Wopfner auch umzusetzen: Gegen Ende seiner wissenschaftlichen Tätigkeit begann er mit der Verfassung des „Bergbauernbuchs", ein Alterswerk, das „als glückliche Zusammenfassung seiner Lebensarbeit" und als „geradezu monumental" bezeichnet wird. Im Vorwort dazu wird Wopfners Bewunderung und Verehrung der Bergbauern deutlich: „Ich habe dies Buch in alter Liebe zum Bergbauerntum und im Gedenken an meine bergbäuerlichen Vorfahren dem Tiroler Bauernstand zugeeignet". Er wollte nicht ausschließlich ein wissenschaftliches Werk *über* die Bauern, sondern vor allem eines *für* die Bauern schreiben.

Franz Huter, seinem Nachfolger auf dem Lehrstuhl für Österreichische Geschichte, verdanken wir diese treffende Charakterisierung seiner Person: „Auf zahlreichen Wanderungen über Berg und Tal durchstrich er das ganze alte Land Tirol, bis hinauf zu den letzten Einödhöfen am Fuß der Gletscher, herüber und hinüber über die Pässe und Jöcher, um das Verkehrsproblem am eigenen Leibe zu erleben. Die Kamera auf dem Rücken und den Notizblock in der Hand, die Augen offenhaltend für alle Eigenart und die Alten befragend, die selbst Zeugnis der Vergangenheit sind, gewann er Einblicke in das bäuerliche Leben und Denken wie keiner vor ihm."

Wopfner erlebte die Vollendung seines „Lebenswerkes“ nicht. Er verstarb am 10. Mai 1963 auf seinem Bauerngut, dem Plumeshof, südlich von Innsbruck; das Manuskript des vierten Bandes lag aufgeschlagen auf seinem Schreibtisch. Zu seinen Lebzeiten erschienen zwischen 1951 und 1960 nur drei Lieferungen des ersten Bandes. Es oblag seinem Schüler, dem Innsbrucker Wirtschafts- und Rechtshistoriker Nikolaus Grass, das Werk aus dem Nachlass in drei Bänden herauszugeben (erschienen 1995 bis 1997 im Universitätsverlag Wagner als Schlern-Schriften 296 bis 298 bzw. Tiroler Wirtschaftsstudien 47. bis 49. Folge).

Weder vor Wopfner noch nach ihm gab es eine Persönlichkeit, die sich intensiver mit der Tiroler Bauernschaft beschäftigt hätte. Wopfner verhielt sich dem NS-Regime gegenüber vorsichtig, indem er eine Konfrontation mit der nationalsozialistischen Rassenlehre vermied. Er kann als Patriot eingestuft werden, der den schmalen Grat zum Nationalismus nicht überschritt, auch wenn sein Werk von der heute befremdlich wirkenden Diktion der Zwischenkriegs- und Kriegszeit nicht frei ist.

Wopfner bekleidete in den Jahren 1928 und 1929 das Amt des Rektors der Universität Innsbruck. Wopfner, der von 1945 bis 1949 der Lehrkanzel für Volkskunde vorstand, emeritierte 1950. Er war seit 1953 Ehrenmitglied der Österreichischen Akademie der Wissenschaften und erhielt 1956 das Ehrendoktorat der Universität Innsbruck.

Helene Wastl

Susanne Lichtmannegger

Helene Wastl

Helene Wastl begann im Wintersemester 1916/17 an der Medizinischen Fakultät der Universität Innsbruck als eines von insgesamt elf Mädchen mit dem Medizinstudium. Bereits ab dem dritten Semester erlangte sie eine Anstellung als „Demonstrator" am Institut für Physiologie unter Ernst Theodor Brücke (1880-1941). Auch die letzten beiden Studiensemester, 1921/22, war sie als Hilfsassistentin an diesem Institut beschäftigt. Gemeinsam mit Brücke entstand ihre erste wissenschaftliche Arbeit. Der angesehene Physiologe war 1916 nach Innsbruck berufen worden und machte das physiologische Institut zu einer international renommierten Forschungsstätte. Nach seiner aus „rassischen" Gründen erfolgten Vertreibung von seiner Innsbrucker Lehrkanzel 1938 wirkte Brücke, in zweiter Ehe mit einer der ersten Wiener Gynäkologinnen, Dora Teleky verheiratet, an der Universität Harvard.

Wie im Gymnasium zeigte Helene Wastl an der Universität außergewöhnliche Leistungen. Alle drei medizinischen Rigorosen legte sie mit dem Hauptkalkül „ausgezeichnet" ab und wurde am 11. Februar 1922 als zweite Inländerin an der Medizinischen Fakultät Innsbruck zur Dr.med. promoviert. Vor Helene Wastl hatten in Innsbruck nur fünf Frauen in Medizin promoviert: bis 1918 vier Ausländerinnen, als erste Wilhelmine Schönthaler aus Nijmwegen in Holland, wobei es sich genau genommen um die Nostrifikation eines ausländischen Doktorgrades handelte.

Nur wenigen Absolventinnen gelang es, sich im Wissenschaftsbetrieb zu etablieren. Umso außergewöhnlicher ist daher der Werdegang von Helene Wastl. Bereits während ihres Studiums knüpfte sie internationale Kontakte und unternahm mehrere Auslandsreisen. Mit April 1922 trat sie beim bedeutenden Physiologen Arnold Durig (1872-1961) eine Stelle als außerordentliche Assistentin am Institut für Physiologie der medizinischen Fakultät Wien an. Mit der Habilitationsschrift: „Über die Wirkung des Adrenalins und einiger anderer Inkrete auf die Kontraktionen des Warmblütler-Skelettmuskels" sowie der Vorlage von über 40 wissenschaftlichen Abhandlungen zu den Themen physikalische und chemische Eigenschaften des Blutes wie die Senkungsgeschwindigkeit, Ernährungsfragen und der Reizphysiologie, erhielt Helene Wastl 1930 die Lehrbefugnis für Physiologie und war damit die erste habilitierte Medizinerin an der Medizinischen Fakultät Wien. Arnold Durig kam in seiner Begutachtung zum Schluss: „Die vorliegende Abhandlung ist eine ernste wissenschaftlich durchgeführte und auch die Erkenntnis fördernde Schrift mit positiven Ergebnissen, die den Anforderungen, welche an eine Habilitationsschrift zu stellen sind, vollkommen entspricht" und lobte zudem Wastls pädagogische Fähigkeiten.

Mit der Berufung an das Women's Medical College of Pennsylvania, Philadelphia und der Leitung der dortigen Lehrkanzel für Physiologie gelang es Helene Wastl als Professorin in den USA Fuß zu fassen. Weitere Forschungsarbeiten führten sie an das Department of Physiology and Biochemistry, Cornell University, Ithaca,

New York und später an das Hahnemann Medical College, Philadelphia.

1943 wurde Helene Wastl von der Universität Innsbruck das Doktorat „wegen Ausbürgerung" aberkannt. Zu dem 1960 eingeleiteten Wiederverleihungsverfahren kam es aufgrund ihres Todes nicht mehr. Sie starb vermutlich im Sommer 1948, das genaue Todesdatum konnte bisher nicht eruiert werden.

Helene Wastl war für einige Jahre mit dem Physiologen Franz Lippay (1897-1965) verheiratet, der ab 1923 als Demonstrator und später als Assistent zu Wastls Kollegen am Wiener Physiologischen Institut zählte. Die Hochzeit fand am 9. Juli 1932 in Wien statt. Wastl behielt aber ihren Mädchennamen bei. Lippay blieb in Wien und habilitierte sich 1933 bei Arnold Durig für Physiologie. Er wurde 1938 aus „rassischen" Gründen von der Universität Wien vertrieben und emigrierte im März 1939 nach Australien.

Helene Wastl zählt zu den Pionierinnen der medizinischen Wissenschaften, die sich als eine der ersten Studium, wissenschaftliche Karriere und internationale Mobilität erschlossen hat. Ihr beeindruckender Werdegang und vor allem die erfolgreiche Habilitation bedeuteten einen Meilenstein auf dem Weg zur Gleichberechtigung von Frauen im Wissenschaftssystem. Um der Wertschätzung für ihre Leistungen Ausdruck zu verleihen, wurde sie als Namenspatronin und „symbolische Mentorin" für das Innsbrucker Medizin Mentoring-Programm ausgewählt.

Erstmals erschienen in: Horst Schreiber, Ingrid Tschugg, Alexandra Weiss (Hg.), Frauen in Tirol. Pionierinnen in Politik, Wirtschaft, Literatur, Musik, Kunst und Wissenschaft, Innsbruck 2003

Josef Lackner

Arno Ritter

Josef Lackner

Josef Lackner starb am 13. September 2000 in Innsbruck. Über ihn zu schreiben, sich ihm textlich nähern zu wollen, bedeutet daher, einen „einseitigen" Dialog mit seinem „Vermächtnis", vor allem mit seinen noch vorhandenen Bauten und unausgeführten Projekten sowie den darin umgesetzten Konzepten zu führen, aber auch mit den zahlreichen Texten, die als gedankliches Rüstzeug, als „Weltanschauung", seine Biografie begleiten und sein Werk untermauern.

Josef Lackner war nicht nur ein außergewöhnlicher Architekt, sondern auch ein präziser und begnadeter Autor, der die Umwelt, die Architektur und seine Tätigkeit über den Umweg des Schreibens zu verstehen und zu erklären versuchte. Die Texte ergänzen seine Architektur, unterlegen sie und kreieren ein spezifisches Gedankengebäude, das in einem dialektischen Verhältnis zu seinem Œuvre steht. Denn sie vermitteln für mich einen ähnlichen „Klang" wie seine Bauten, jene feine Gespanntheit zwischen konzeptioneller Klarheit, hörbarer und sichtbarer Widerständigkeit, Poesie und Ironie, die er in seiner Kreativität auszuhalten versuchte und noch dazu produktiv werden ließ. Lackners Texte verweigern sich – ähnlich wie seine Architektur – einem Jargon, einer zeitgeistigen Färbung, richten sich gegen die Gedankenlosigkeit der Gesellschaft im Allgemeinen wie der Architektur im Besonderen, vermitteln die gesellschaftspolitischen Bedingungen des Bauens und argumentieren entlang einer ethischen Haltung, die „das Ganze“ im Auge zu behalten trachtet. Sein literarisches Talent, Sprache als Instrument der Erkenntnis und subtile Waffe für und gegen etwas zu gebrauchen, mündet oft in aphoristischen Sätzen, die bereits am Beginn der Ausführungen, oft schon im Titel, das Konzept und die Aussage des Textes vorwegnehmen. Diese klirrenden Formulierungen sind verdichtete Gedanken, präzise gesetzte Statements, die zumeist mit sprachlichem Witz und zugleich argumentativer Härte das Wesentliche seiner Überlegungen anklingen lassen.

Ein Gebäude soll ja eigentlich nicht durch seine Interpretation leben, sondern ein Gebäude kann ja sich selbst artikulieren.

Architektur ist den Denkenden vorbehalten und dem Empfindenden geschenkt.

Architektur ist Sache der Lebensfreude und nicht der Lebenslüge – des Kitsches.

Ideen sollten unser Handeln bestimmen. Die Architektur drückt Ideen aus. Oft fehlen diese und man baut trotzdem. In diesem Fall wäre die Idee, es nicht zu tun, die beste.

Planer sind doch „Interpreten“ und nicht wie so oft angenommen „Propheten“. Sie sind Ordnungsinstanzen, aber nicht wirklich die Ordnung selbst.

Architektur wird in unserer Zeit mehr und mehr zur „Schönen Abwesenden", zur kaum erfüllten Sehnsucht nach Freudvollem, Großem, Gültigem im Bauen.

Die Architektur von heute tritt als Greisin mit geliftetem Antlitz ins Bild, als geschminkte Mumie.

Wir haben ein gestörtes Verhältnis zur Stadt, nämlich ein rein ästhetisches. Ein ausschließlich ästhetisches Verhältnis zu einer Stadt ist kein Verhältnis mehr zu einer Stadt, sondern ein Verhältnis zu einem Denkmal.

Nicht Grünflächen im Häusermeer, sondern Häuser im grünen Meer.

Wie mir scheint, hat Lackner seine Architektur und seine Texte auf ähnliche Weise erarbeitet, indem er das Thema des Projekts, ebenso wie die Sprache selbst so lange geknetet hat, bis das „Elementare", der eigentliche Inhalt zum Vorschein kam und alle Konventionen ausgepresst waren. In diesem Sinne ging er immer aufs Ganze, nahm keine Rücksicht auf die herrschenden Verhältnisse oder gestalterische Traditionen, indem er dagegen anschrieb sowie architektonisch argumentierte und für eine humanere Zukunft plädierte.

Die Fragen der Architektur waren und sind immer auch die Fragen der Gesellschaft, welche diese Architektur hervorbringt bzw. vermißt. Die Bauschaffenden und der Architekt im besonderen leben und arbeiten also in Abhängigkeit von der jeweiligen geistigen und gesellschaftlichen Situation. Es ist eine elementare Auf-

gabe des Architekten, gewissermaßen als Sensor seiner Zeit zu wirken. Das Verständnis der großen Gegebenheiten und Phänomene muß sich jeder, besonders aber der kreative Mensch schwer und immer neu erarbeiten. Das Formulieren und Lösen unserer Aufgaben erfordert einerseits ein sehr nahes, detailhaftes Wissen um die Probleme – andererseits aber auch souveränen Abstand, um aus der erreichten Übersicht das Ganze zu sehen und das Große schaffen zu können. Unsere Zeit verlangt überzeugende Vorbilder, verlangt nach einem ethischen, ja moralischen Bezug zu den Taten und Werken.

Die vielen Kriterien guten Bauens sind im Zusammenhang mit humanitären Fragen immer wieder neu zu formulieren.

Denn die Eigenständigkeit der Lackner'schen Architektur und seiner bis heute gültigen Konzepte basiert auf seinem gesellschaftskritischen Selbstverständnis, seiner steten Beschäftigung mit Themen jenseits der Architektur. Lackners, man könnte sagen, „politische" Persönlichkeitsstruktur trieb seine intellektuelle Schärfe und architektonische Begabung zu typologischen Erfindungen an und zwang ihn fast zu baulichen Statements jenseits bekannter und gewohnter Lösungen, da ihm diese Ausdruck und Konzept der überkommenen und von ihm kritisierten gesellschaftlichen Ordnung waren. Denn für ihn war Architektur mehr als gebaute Ästhetik, mehr als der schön designte Schein innerhalb schlechter gesellschaftlicher Verhältnisse. Architektur war für ihn ein auf dem Fundament von zeitkritischer Diagnostik und thematischer Analyse, poetischer Kraft wie konzeptioneller Konsequenz, Witz und Ironie entwickelter Hintergrund für ein besseres Leben. Insofern war er ein, wie Volker Giencke einmal schrieb, „genetischer Architekt", der auf seine spezifische Art und Weise das Projekt der Moderne weiterverfolgte und Architektur als eine soziale und lebensorientierte „Kunst", als gesellschaftspolitisches Handwerk verstand. In diesem Sinne lebte er die Architektur und lehrte diese auch an der Universität in Innsbruck.

Die persönlich und architektonisch prägendste Phase durchlebte Lackner wenige Jahre nach Ende des Zweiten Weltkriegs in Wien, an der Akademie der bildenden Künste, wo er unter anderem gemeinsam mit seinen Mitschülern Friedrich Achleitner, Johann Georg Gsteu, Hans Hollein, Wilhelm Holzbauer, Friedrich Kurrent, Gustav Peichl und Johannes Spalt bei Clemens Holzmeister studierte. Eingebettet in ein Klima der gesellschaftlichen und politischen Neuorientierung, des künstlerischen und architektonischen Aufbruchs – geistesgeschichtlich betrachtet wahrscheinlich die „zweite Sattelzeit" der Moderne in Österreich –, entdeckte er Le Corbusier, Louis Kahn, Roland Rainer, Otto Wagner, Frank Lloyd Wright sowie die Kunst als Lebensthema an sich. Er „adoptierte" Lois Welzenbacher als zweite architektonische Vaterfigur, welcher zur selben Zeit wie Holzmeister an der Akademie unterrichtete und dessen Werk ihn ebenso prägte wie seine Persönlichkeit. An Welzenbacher faszinierte ihn dessen Passion für die Architektur, seine Leidenschaft jenseits der damals nicht vorhandenen gesellschaftlichen Anerkennung.

Von Holzmeister hingegen wurde er vor allem zur Toleranz gegenüber dem breiten Spektrum innerhalb der Architektur und deren Qualitäten geführt und bekam jenen prinzipiellen Zweifel „eingepflanzt", der ihn Zeit seines Lebens begleiten und letztlich zu der Selbsteinschätzung führen sollte: „Das ewige In-Frage-Stellen ist für mich sehr wichtig, es ist geradezu die Inspiration selber." Dieser Satz drückt ein wesentliches Moment der Persönlichkeit von Josef Lackner und seinem Werk aus und kann als „Gencode" seiner Existenz angesehen werden.

Der schöpferische Mensch kultiviert sein Unbehagen, seinen Zorn, um Platz für sein Schaffen zu haben. Das Bisherige scheint ihm schal und grau und mit Pseudoanforderungen durchsetzt, also unmöglich. Die Begegnung mit dem Freiraum Kunst und der dahinter oder davor befindlichen Humanität kann hier Halt und Trost spenden.

Toleranz gegenüber dem ‚Anderen' – bereitet den Genuss der Vielfalt. Intoleranz – heißt eigene Beschränktheit.

Geprägt von der kreativen Brutkammer an der Akademie der 1950er Jahre, konfrontiert mit unterschiedlichen Lehrmeinungen, Architekturhaltungen und Persönlichkeiten aus der Kunst- und Kulturszene, eingebettet in die teilweise imperiale, vor allem aber gründerzeitliche Stadtstruktur Wiens, konfrontiert mit der Architektur und den städtebaulichen Projekten von Otto Wagner, dessen systemische und zugleich poetische Logik ihn beeindruckten, umgeben von den Bauten des „roten Wien", welche die sozial engagierte Stadtverwaltung in der Zwischenkriegszeit errichten ließ, und beeindruckt vom planenden und vor allem auch schreibenden Roland Rainer, dessen kritische Schriften bei ihm wahrscheinlich die einen oder anderen Spuren hinterlassen haben – in dieser Phase der architektonischen Sozialisation entwickelte Josef Lackner jenes intellektuelle und emotionale Rüstzeug, das ihn 1958, sechs Jahre nach dem Abschluss des Studiums, seinen ersten großen Wettbewerb gewinnen ließ, nämlich den der Pfarrkirche Neu-Arzl in Innsbruck.

Es ist bezeichnend für Lackners Arbeitsweise, dass er ein Jahr vor diesem Projekt ein zeichnerisches und schriftliches Konzept für eine von ihm bezeichnete „Ideale Kirche" (!) entwickelt hatte, dessen Grundansatz im Entwurf von Neu-Arzl erkennbar ist und in dem er bereits einige Themen behandelte, die er im Lauf der Jahre weiterentwickeln und verfeinern sollte:

> *Das Gotteshaus der Gegenwart ist mit all seinen vorsichtigen und formalen Versuchen gelinde gesagt einer argen Verkitschung ausgesetzt! Kirchenbau verlangt und verlangte aber immer eine wahre und unverfälschte, ja sogar brutale Bekenntnis zum Wahren und Echten. Eine Bindung an längst vergangene, wenn auch durchaus gesunde Stilepochen ist ebenso falsch wie das Suchen nach sakralen Formen. Es gibt keine sakrale Form an sich – es gibt nur eine richtige oder eben falsche (...) Eine wiedergewonnene elementare Baugesinnung wird zur Reinheit und damit zu neuer*

Größe führen! Eine Kirche soll ja nicht etwa ‚nett' oder ‚stimmungsvoll' sein, sondern in erster Linie wahr in all ihren Teilen und Phasen. Wahrheit ist aber oft unangenehm (vielleicht gibt es deshalb so wenig gute Beispiele des modernen Bauens?), aber sie ist göttlich.

Ich möchte immer einen erfinderischen Sprung machen. Ich möchte keinen trockenen Weg haben. Ich begegne dem Pessimismus. Ich kontrapunktiere. Ich blase dagegen, durch eine quadratische Tuba.

Kunst ist ein elementares Bedürfnis des Menschen. Hier spürt er Freiheiten, welche über ihn hinausführen. Architektur ist Kunst – wird dies nicht erreicht, sollte man nur vom ‚anständigen' Bauen reden.

Die Logik der Konstruktion in Verbindung mit dem Raumgedanken, die geometrische Ordnung und Symmetrie, die indirekte Lichtführung und räumlich gedachte Lichtlenkung, die Autonomie und Anatomie der Gebäudeform, die Ökonomie der Mittel und der damit zusammenhängende Einsatz der Materialien sowie die Systematik des Konzepts. Dies alles verdichtet sich in seiner Architektur zu einem Thema: der harten Schale und dem weichen, offenen Kern.

Hell und Dunkel – alle Bereiche dazwischen werden zu wenig genutzt. Architektur lebt vom gekonnten Umgang mit dieser Erkenntnis.

Ob die Form der Funktion folgt oder folgen soll, interessiert mich eigentlich nicht. Eines ist sicher – die Funktion wird durch die Form sichtbar und da stellt sich die Frage, ob ich sie überhaupt sehen will.

Denn die Bauten von Lackner sind auf den ersten Blick oft abweisende und erratische Gebilde, stehen scheinbar in ihrer formalen Widerständigkeit in Konkurrenz zum Umfeld, zu ihrem landschaftlichen, urbanen und baulichen Kontext. Ihre komplexen räumlichen Konzepte und lebensweltlichen Qualitäten, ihre implementierte Sensibilität und funktionale Stimmigkeit erschließen sich meist beim Betreten, manchmal erst bei der Benutzung oder dem langsamen Entdecken. Man muss die Bauten und Projekte von Lackner zulassen, sie jenseits der persönlichen wie auch konventionellen Logik annehmen, sollte zunächst keine vorgefassten ästhetischen Kriterien anlegen und sich letztlich einleben, um auf das Wesentliche, das Überraschende und Erhellende zu stoßen.

Lackner war hart zu sich und seiner Umwelt, aus dem einfachen und existentiellen Grund, dass er mehr wollte, als „Architektenarchitektur" zu machen. Er war sensibel in der phänomenologischen Betrachtung und Analyse seiner Umgebung und zugleich „beißend" in seinen schriftlichen und verbalen Äußerungen ebenso wie in seiner architektonischen Haltung. Dementsprechend sind seine Pläne und Modelle zumeist spröde und auf das Wesentliche, auf das Konzept reduziert. Er erkannte Probleme und formulierte Lösungsansätze zu einer Zeit, als das kollektive, innerarchitektonische und vor allem politische Bewusstsein noch weit davon entfernt war, die von ihm aufgeworfenen Fragen und benutzten Begriffe wahrzunehmen oder auch nur zu verstehen. Dennoch war Lackner kein Revolutionär, kein Ideologe, sondern am ehesten ein „real denkender Idealist“ oder auch „konservativer Anarchist“, der das „Elementare“ der Tradition schätzte, den Zeitgeist kritisch betrachtete und den sogenannten Fortschritt nur unter der Bedingung akzeptierte, dass er der Humanität und Lebensfreude diente. Seine Skepsis und sein Zweifel trieben ihn zu ganz unterschiedlichen architektonischen Lösungen, die vielleicht auch deshalb von ihm erdacht wurden, um sich selber immer wieder überraschen zu lassen. Dahinter steckten jene kreative Kraft und kritisches Bewusstsein, die sich aus der lebenslangen Beschäftigung mit der „Welt“ an sich, dem hassgeliebten Tirol im Besonderen sowie dem Gesellschaftssystem und den Grundlagen der Architektur im Allgemeinen nährten.

Die Stadt ist die Sehnsucht des Menschen nach der Nähe des Nächsten. Sie ist eine Äußerung der Urangst.

Die Stadt ist der gebaute Stand der Überlegungen, das Leben bequemer zu machen – noch sind Verbesserungen möglich.

Er war überzeugter Städter, liebte die Landschaft und baute wahrscheinlich auch deswegen kompakte architektonische Landschaften, um die Natur frei von Gebäuden zu halten. Er wollte nicht die Welt verändern, aber einen ethisch motivierten Beitrag zur Verbesserung der räumlichen und inhaltlichen Rahmenbedingungen leisten. Sich an seinen Konzepten und seinen Texten abzuarbeiten, lohnt den Aufwand, denn sie irritieren, motivieren und vermitteln einen anderen Blick auf Architektur und Welt.

> *Lieber Kollege, ich habe keine Munition für diese Aggression – ich muss erst das Pulver mischen.*

Franz Gschnitzer

Heinz Barta

Franz Gschnitzer

Das ungewöhnliche Schaffen Franz Gschnitzers macht schon der Leitspruch unter seinem Rektorsbild deutlich: „Franciscus Gschnitzer, Tirolensis, iura docuit, dixit, dedit" – Franz Gschnitzer, Tiroler, der Recht lehrte, (als Richter) Recht sprach und – als Gesetzgeber – Recht schuf. – Dennoch: Einem Großteil der heutigen Juristengeneration und der Studierenden ist das Lebenswerk Franz Gschnitzers kaum mehr ein Begriff. 1993 erschien das „Franz-Gschnitzer-Lesebuch", das juristische, politisch-parlamentarische, aber auch schöngeistige Texte enthält; darin wird Gschnitzers Persönlichkeit aus heutiger Sicht gewürdigt. Seit 1996 werden im Namen Prof. Gschnitzers an der Rechtswissenschaftlichen Fakultät jährlich Franz-Gschnitzer-Preise für ausgezeichnete wissenschaftliche Arbeiten und für das Lebenswerk großer JuristInnen vergeben.

Franz Gschnitzer war ein außerordentlicher Mann, dessen hohe wissenschaftliche und didaktische Gaben sich mit menschlichen und künstlerischen Fähigkeiten verbanden. Er selbst hätte gerne in jungen Jahren die Laufbahn des Schriftstellers eingeschlagen; 1919 wird sein Einakter „Mörder. Ein Lebensbild" veröffentlicht. Seine frühe Liebe zur Schriftstellerei wirkt insoferne nach, als Gschnitzer auch später sein Publizieren mit literarischen Maßstäben misst. – Als Rechtslehrer war Gschnitzer für viele Juristengenerationen zur herausragenden Gestalt unter Österreichs (Privat)Rechtslehrern geworden. Berühmt waren seine Vorlesungen: gut gegliedert, auch Schwieriges verständlich darstellend, gab er Studierenden jenen Überblick mit auf den Weg, der ihnen für ihr späteres Berufsleben als bleibendes und brauchbares Gerüst dienen konnte. Gschnitzer verstand es, das Wesentliche zu sehen, was ihn auch zu einem Freund der (Rechts)Praxis werden ließ, die für ihn zeitlebens eine gleichwertige Partnerin der Theorie war.

Gschnitzer war aber nicht nur forschender Jurist und hervorragender Hochschullehrer, sondern auch Höchstrichter als Präsident des Liechtensteinischen Obersten Gerichtshofes und Schöngeist, der durch seine Sprache die Sprödigkeit der Rechtswissenschaft auflockerte und näher an die Idee des Guten, Schönen und Richtigen heranrückte. Seine Darstellungsmacht – er war ein ausgezeichneter Redner – reichte weit über das Übliche hinaus und ist Ausdruck eines feinen Sprachempfindens. Für Gschnitzer war Sprache – gesprochen oder geschrieben – künstlerischer, wissenschaftlicher, didaktischer oder politisch-rhetorischer Ausdruck, wobei alle Bereiche von der für ihn charakteristischen Klarheit und Einfachheit profitierten. Gschnitzer integrierte ganz selbstverständlich sein Rechtsdenken in den breiten Strom der Kultur, als deren Ausdruck er Recht und Politik verstand. Das sieht man heute noch deutlicher. Sein wissenschaftskultureller Hintergrund ließ ihn Recht realistisch als zeitgebundenes Kulturprodukt verstehen, das immer wieder der Reform bedarf. Aber er liebte das – bald 200 Jahre alte – ABGB, wie seine Publikationen zeigen.

Gschnitzers Liebe galt dem Zivilrecht, sein Interesse reichte aber auch fachlich weit darüber hinaus. Gschnitzers wissenschaftliche Leistung gipfelt in seinem sechsbändigen Lehrbuch des Österreichischen bürgerlichen Rechts (1963-1968) und der umfangreichen Kommentierung im Klang-Kommentar (1. und 2. Auflage), dessen (Mit)Herausgeber er nach dem Tode Heinrich Klangs (1954) wurde, den er überaus schätzte.

Gschnitzer war auch ein homo politicus, wenn auch nicht von allem Anfang an, so doch während der letzten 23 Jahre seines Lebens, wenngleich er schon als Student hochschulpolitisch tätig gewesen war. Den Entschluss, in die Politik zu gehen, fasste er 1945 angesichts der Katastrophe des Nationalsozialismus. Er hatte das Gefühl, für Österreich etwas tun zu müssen. Er wurde in schwerer Zeit in akademische Ämter gewählt: 1934/35 war er Dekan, 1945/46 Senator und 1946/47 und 1947/48 Rektor der Universität Innsbruck. In der Zeit des Nationalsozialismus bewies er Mut, als er gegen das Reichserbhofrecht auftrat, die neue – deutsche – Studienordnung kritisierte oder sich gegen die Abtrennung Osttirols an Kärnten oder gegen das Unrecht des Hitler-Mussolini-Abkommens wandte. Er korrespondierte mit Heinrich Klang, als dieser in das Konzentrationslager Theresienstadt verbracht worden war. Sein hohes Ansehen und die Achtung seiner Schüler schützten ihn vor Verfolgung.

Im November 1945 wird er als ÖVP-Kandidat (Bauernbund) in den Nationalrat gewählt und bleibt dort bis Dezember 1962. Von Juni 1956 bis April 1961 ist er – gemeinsam mit Bruno Kreisky – Staatssekretär im Außenamt, von 1962-1965 Bundesrat. – Von 1945 bis zu seinem Tod am 19. Juli 1968 war Franz Gschnitzer Präsident des Obersten Gerichtshofes unseres Nachbarlandes Liechtenstein, mit dem ihn manche freundschaftliche Beziehung verband. – Gschnitzer war überzeugter Europäer, der seine Heimat Tirol und Österreich liebte. Er verband gedanklich früh, was noch heute als Chance Europas gesehen wird: die Akzeptanz einer Europäischen Gemeinschaft unter gleichzeitiger Anerkennung seiner Teile, Regionen und Landschaften.

Welch gegenläufiger und seiner Zeit in vielem vorauseilender Geist Franz Gschnitzer war, kann hier nur angedeutet werden. So interessierte er sich für Legistik und die Lehre und Didaktik an den Hohen Schulen zu einer Zeit, als das wirklich noch niemandem nahe ging; und er brach als an den Naturwissenschaften und Mathematik Interessierter eine Lanze für Interdisziplinarität, als das seinen Kollegen, Kolleginnen gab es damals noch nicht, nicht einmal ein müdes Lächeln abrang; er sprach sich entschieden und nachhaltig gegen jede Gewaltanwendung aus, als sie von vielen (in eigener Sache), es betraf Südtirol, gebilligt wurde; er betonte die Bedeutung von Kultur und Kunst für die Wissenschaft, als viele sich in unreflektierter wissenschaftlicher splendid isolation gefielen. Für Gschnitzer waren Wissenschaft, Kunst und Kultur ein Jungbrunnen seiner Kreativität; so las er vor seinen Vorlesungen gerne Gedichte.

Schon als junger akademischer Lehrer interessierte sich Gschnitzer für „Eine Neuordnung der juristischen Studien". Seine Ausführungen sind erfrischend und viele Gedanken noch heute gültig. Man liest diese Seiten mit Gewinn, und sie zeigen, wie viel Gschnitzer an einer guten juristischen Ausbildung lag. Hier finden sich typische Gschnitzer-Sätze, wie: „Die Güte einer Studienordnung zeigt sich in den Studienerfolgen". Oder:

„Die Universität soll zu selbständigem Denken und Arbeiten erziehen. Was die Mittelschule beginnt, muss die Hochschule vollenden.“ Oder: „Es ist stets dasselbe Bild: der von der Mittelschule anfangs mit Eifer kommende Student wird im Lauf der Universitätszeit verdorben.“ – Gschnitzer unterbreitete zahlreiche noch heute bedenkenswerte Vorschläge: Sie betreffen eine sinnvolle Verkürzung der Studiendauer bei gleichzeitiger Verringerung der Pflichtvorlesungen und einen Ausbau der Übungen und Repetitorien; eine Entrümpelung und andere Situierung der Rechtsgeschichte sowie eine Aufwertung rechtsvergleichender Vorlesungen; wichtig ist ihm auch ein schwerpunktmäßiges Verschieben der zivilprozessualen Ausbildung in die Praxis und eine Beschränkung des Zivilprozesses an der Universität auf Grundzüge.

Wenn die Rechtswissenschaftliche Fakultät im Namen Franz Gschnitzers Preise verleiht, bedeutet das eine Mahnung an alle ihre Mitglieder, der Heimat Österreich, Europa und ihren Menschen durch Recht zu dienen, das wir als hohes Kulturgut mit bestem Wissen und Gewissen pflegen müssen.

Erika Cremer

Susanne Lichtmannegger

Erika Cremer

Alles, was wir erlebt haben an Erfolgen in der Technik, ist ursprünglich Wissenschaft gewesen.

Die erste Professorin der Universität Innsbruck, Erika Cremer, erhielt ihre Ausbildung nicht in Tirol, sondern kam erst im Jahr 1940 als erfahrene Wissenschaftlerin nach Innsbruck. Im Gegensatz zu anderen Akademikerinnen standen der in einem großbürgerlichen, intellektuellen Milieu aufgewachsenen Erika Cremer eine höhere Schulbildung und ein Universitätsstudium von vornherein offen. Ihr Vater Max Cremer (1865-1935) war ordentlicher Professor für Physiologie an der Universität München, später in Köln und Berlin, und hatte 1906 das Prinzip der Glaselektrode entdeckt. Erika Cremers Onkel Viktor Rothmund wirkte als Physikochemiker in Prag, ihr Großvater mütterlicherseits, August von Rothmund, als Professor für Augenheilkunde. Neben den materiellen Möglichkeiten ihrer Familie bildeten deren Aufgeschlossenheit Wissenschaft gegenüber sowie ihre Vertrautheit mit der akademischen Welt das wichtigste Startkapital für Cremers spätere wissenschaftliche Laufbahn: „Und mein Vater war sehr dafür und hat mich eigentlich schon früh in diese Richtung gelenkt." Bereits als Volksschülerin artikulierte Erika den Wunsch zu studieren. Die skeptische und ein wenig gönnerhafte Haltung ihrer beiden Brüder, die später ebenfalls beide die Universitätslaufbahn einschlugen, verstärkte Erikas Studienabsichten:

Sie haben gerade bei mir den Stolz angeregt, ihnen zu zeigen, dass ich's doch verstehe. Ich glaube, sie haben genauso viel Anteil daran, dass ich studiert habe, wie mein Vater, der mir zugeraten hat.

Dass sie genau in der Zeit geboren wurde, in der Frauen in Deutschland erstmals der Zugang zur Universität gewährt wurde, war Cremer nicht nur bewusst, sie sah ihre wissenschaftliche Karriere dadurch ein wenig vorherbestimmt. Cremer kam am 20. Mai 1900 in München zur Welt, wo sie auch die Volksschulzeit verbrachte. 1909 wurde Cremers Vater an die Universität Köln, 1911 an die Universität Berlin berufen. Ab Oktober 1911 besuchte Cremer ein Berliner Gymnasium und legte im Februar 1921 das Abitur ab. Im Sommersemester 1921 schrieb sie sich an der Universität Berlin ein. An den Instituten der Berliner Universität und am Kaiser-Wilhelm-Institut wirkte damals die Elite der Naturwissenschaft, darunter der frischgebackene Nobelpreisträger Albert Einstein (Nobelpreis für Physik 1921), Max von Laue (Nobelpreis für Chemie 1914), Fritz Haber (Nobelpreis 1918) oder Otto Hahn (Nobelpreis für Chemie 1945). Bei Walther Nernst (1920 Nobelpreis für Chemie) hörte Cremer ihre erste Chemie-Vorlesung. Cremer genoss also eine ungewöhnlich vielseitige Ausbildung bei berühmten Forscherpersönlichkeiten. Bei der Fächerwahl ließ sie sich trotz schlechter Berufsaussichten – das Chemie-Studium galt als aussichtslos – ganz von ihren Interessen leiten und entschied sich für Chemie und Physik, wofür sie schon in der Schule eine Vorliebe gehegt hatte.

Am 11. Oktober 1927 wurde Cremer zum Dr. phil. promoviert. In ihrer Dissertation „Über die Reaktion zwischen Chlor, Wasserstoff und Sauerstoff im Licht" beschäftigte sich Cremer mit dem Spezialgebiet ihres Lehrers Max Bodenstein (1871-1942), der Chlorknallgasreaktion. Sie stellte ein neues, allgemeines Schema für die bei der Chlorknallgasvereinigung eintretenden Folgereaktionen auf und zeigte, dass eine „Kettenverzweigung" unter bestimmten Bedingungen zu unendlich großen Geschwindigkeiten, also zur Explosion führt. Bodenstein äußerte sich in seinem Gutachten anerkennend: „Es ist über die Chlorknallgasreaktion ganz außerordentlich viel gearbeitet worden. Das Problem ist ungewöhnlich kompliziert und experimentell wie theoretisch gleich schwierig. Die vorliegende Untersuchung bringt einen ganz wesentlichen Fortschritt, der nicht nur für dies Einzelthema, sondern für das ganze Gebiet der chemischen Reactionsgeschwindigkeiten bedeutsam ist."

Die Bedeutung von Cremers Ergebnissen wurden weder von ihr noch von Bodenstein richtig erkannt, Nikolaj Semenov (1896-1986) und Cyril Norman Hinshelwood (1897-1967) erhielten für die Weiterentwicklung der chemischen Reaktionskinetik 1956 den Nobelpreis für Chemie. Auf die grundlegende Leistung Cremers wird im Antrag zur Wahl Cremers zum korrespondierenden Mitglied der Österreichischen Akademie der Wissenschaften im Jahr 1964 hingewiesen: „Das Prinzip der Kettenverzweigung ist in der Folge in vielen Bereichen der Chemie als Mechanismus von ungewöhnlicher Bedeutung erkannt worden und ließ sich unmittelbar auf den Vorgang der Explosion bei Atomspaltung übertragen. Die Bedingungen, die zu unendlich großen Geschwindigkeiten (isotherme Explosion) führen, wurden mathematisch erstmals von E. Cremer formuliert und bilden die Grundlage der später von Semenov weiter entwickelten Theorie."

Die Zeit nach der Promotion gestaltete sich für Cremer schwierig – als Frau waren die Aussichten auf ein festes Dienstverhältnis besonders schlecht. Diverse Forschungsstipendien und unbezahlte wissenschaftliche Tätigkeit wechselten sich in diesen Jahren häufig ab – erst viel später erhielt Cremer eine feste Stelle. Obwohl Cremer diese Zeit im Rückblick als enorm lehrreich einschätzte, war sie damals erstmals in ihrer beruflichen Entwicklung mit Barrieren konfrontiert:

> *So lange man studierte, ging das ganz gut. Aber als man dann fertig war und als Konkurrent auftrat, da merkte man schon, dass man sehr viel weniger Chancen hatte als die Männer. Im Übrigen hat man's eigentlich selber auch erkannt, dass das so sein muss. Erstens waren wir ja eine Art ‚neue Eindringlinge', die jetzt in ein Geschäft hineinkamen, das bisher nur von Männern geführt wurde; und dann wollten die Männer ja auch eine Familie gründen und wollten dazu eine feste Stellung haben.*

Immerhin konnte sich Cremer während dieser Zeit bei bedeutenden Fachvertretern weiter ausbilden und Forschungserfahrung sammeln. Zunächst Volontärin bei

Karl Friedrich Bonhoeffer (1899-1957), dann zwei Jahre beim späteren Nobelpreisträger Georg Karl von Hevesy (1885-1966) am Physikalisch-Chemischen Institut der Universität Freiburg, arbeitete sie von 1930 bis 1933 wieder am Berliner Kaiser-Wilhelm-Institut für Physikalische Chemie und Elektrochemie bei Michael Polanyi (1891-1976). Polanyi musste Deutschland 1933 verlassen, was auch für Cremer einen Rückschlag in ihrem akademischen Weiterkommen bedeutete. Dies wird von Franz Patat (1906-1982), nach 1945 Cremers Fachkollege in Innsbruck, angedeutet: „Sein [Polanyis] Weggang war für sie umso bedauerlicher, als sie bereits mit der Abfassung einer Habilitationsarbeit beschäftigt war, deren Befürwortung bei der Fakultät Prof. Polanyi vertreten wollte.“ Nach der nationalsozialistischen Gleichschaltung des Kaiser-Wilhelm-Instituts und der damit verbundenen Entlassung 1933 war Cremer erneut ohne feste Anstellung. Sie ging zunächst an das Physikalisch-Chemische Institut der Universität München, 1934/35 arbeitete sie im Münchner Kältelabor der Physikalisch-Technischen Reichsanstalt und 1936 einige Monate als Leiterin der Bioklimatischen Forschungsstelle Westerland auf Sylt.

Während ihrer Tätigkeit bei Otto Hahn am Kaiser-Wilhelm-Institut für Chemie in Berlin im Wintersemester 1936/37 erlebte sie die aufregende Entdeckung der Kernspaltung durch Otto Hahn und Fritz Strassmann mit, ab Sommersemester 1938 kam sie aufgrund eines Forschungsstipendiums des Stifterverbandes der deutschen Forschungsgemeinschaft bei ihrem alten Lehrer Bodenstein an der Universität Berlin unter. In dieser Zeit gelang dann auch die Habilitation. Cremer hatte ihre von Bodenstein angeregten Untersuchungen auf dem Gebiet der chemischen Kinetik fortgesetzt und konnte auf eine Reihe von Veröffentlichungen verweisen. Auf der Grundlage der Schrift „Bestimmung der Selbstdiffusion in festem Wasserstoff aus dem Reaktionsverlauf der Ortho-Para-Umwandlung" wurde ihr am 10. Februar 1939 der Grad einer Dr. phil. habil. verliehen.

Nach der Habilitation war Cremer noch ein Jahr am Kaiser-Wilhelm-Institut für Physik bei Paul Debye tätig. Im Herbst 1940 nahm sie dann ein Angebot der Universität Innsbruck an. Vorstand des Chemischen Instituts war damals der 1926 von der Universität Graz nach Innsbruck gekommene und 1945 wegen seiner NS-Parteimitgliedschaft entlassene Ernst Philippi (1888-1969). Carl Angelo Knorr (1884-1966), der dort seit kurzem das neugeschaffene Extraordinariat für Physikalische Chemie bekleidete, kannte Cremer von seiner Tätigkeit in München her und stellte ihr eine Assistentenstelle und die Fortführung ihrer Habilitation in Aussicht. Nach einem Probevortrag im Oktober 1940 wurde Cremer am 9. Dezember 1940 vom Reichsminister für Wissenschaft, Erziehung und Volksbildung die Lehrbefugnis für Physikalische Chemie verliehen und sie wurde zur Dozentin ernannt. Während Knorr im Juli 1945 wegen seiner deutschen Staatsbürgerschaft die Universität Innsbruck verlassen musste, konnte Cremer über eine Zusage der Militärregierung in Innsbruck bleiben. Die politische Überprüfung durch den Überprüfungsausschuss der Universität Innsbruck im Dezember 1945, der sich praktisch alle Universitätsangehörigen unterziehen mussten, endete mit der Einstellung des Verfahrens. Cremer hatte sich, so das Erkenntnis des Überprüfungsausschusses, 1941 zur NSDAP angemeldet, habe aber keine Mitgliedskarte erhalten und sei somit nicht als Parteimitglied anzusehen. Im Gegenteil, sie habe wegen ihrer Nichtzugehörigkeit zur Partei Nachteile gehabt: „Sie wurde 1933 aus dem Kaiser Wilhelm Institut für Elektrochemie entlassen und konnte jahrelang keine Stelle bekommen.“ Diese Begründung entspricht der Tendenz der Universität, nach 1945 im Wissenschaftsbetrieb übliche Konflikte und Karrierebrüche in politischen Widerstand oder Benachteiligung aus politischen Gründen umzudeuten.

Erstmals erschienen in: Horst Schreiber, Ingrid Tschugg, Alexandra Weiss (Hg.), Frauen in Tirol. Pionierinnen in Politik, Wirtschaft, Literatur, Musik, Kunst und Wissenschaft, Innsbruck 2003

Heinz Janetschek

Konrad Thaler

Heinz Janetschek

Der Zoologe Heinz Janetschek wurde 1913 in Bludenz (Vorarlberg) geboren und absolvierte die Mittelschule in Kufstein, wo er durch seinen Lehrer Friedrich Prenn und das nahe Kaisergebirge bereits früh eine naturgeschichtliche Prägung erhielt. Von 1931 – 1937 studierte er in Innsbruck und Wien, 1937 legte er die Lehramtsprüfung ab und lehrte im Anschluss an Gymnasien und Oberschulen in Innsbruck und München. Gleichzeitig arbeitete Janetschek an seiner Dissertation über den Besiedlungsablauf in Gletschervorfeldern, die er mit dem Rigorosum 1940 abschloss. Nach dem Kriegsdienst begann Janetschek 1945 seine Tätigkeit am Institut für Zoologie der Universität Innsbruck, das er von 1947 – 1950 als Ein-Mann-Betrieb leitete. 1947 habilitierte sich Heinz Janetschek im Fach Zoologie, 1951 wurde er zum ordentlichen Universitätsprofessor für Zoologie berufen und 1963 zum Vorstand des Instituts für Zoologie bestellt. In den Jahren 1971/72 stand Janetschek auch der Naturwissenschaftlichen Fakultät als Dekan vor.

In seiner frühen Forscherzeit war die tierische Wiederbesiedlung des Hornkees-Vorfeldes (Zillertaler Alpen), des Vorfeldes des Hintereis-, Niederjoch- und Gepatschferners (Ötztaler Alpen) Gegenstand seiner Untersuchungen, zusammengefasst in seiner Habilitationsschrift (1949) „Tierische Successionen auf hochalpinem Neuland. Nach Untersuchungen am Hintereis-, Niederjoch- und Gepatschferner in den Ötztaler Alpen" (Ber. nat.-med. Verein Innsbruck Bd.48/49:1-215). Diese war zugleich Auseinandersetzung mit der Begriffswelt der sich entwickelnden Ökologie und Biozönotik. Janetscheks weitere Feldarbeit galt extremen Lebensräumen: der „tierischen Besiedlung Nordtiroler Höhlen" (1952) und der Tierwelt der Nivalstufe. Über „Nunatak-Tiere" und das „Tierleben auf den höchsten Alpengipfeln" berichtete er zunächst populär (1955), diese Thematik war aber auch zeitlebens Gegenstand von Janetscheks Forschung. Die Frage nach der Herkunft dieser Arten führte in Diskussion und Widerspruch zu bisherigen Auffassungen zur Annahme einer alpinen Eiszeitüberdauerung durch anspruchslose Wirbellose. Nach der Erforschung der Umgebung Innsbrucks – Janetscheks regionale Kompetenz hat Gebietsmonographien über die Tierwelt des Raumes Kufstein, die Landtierwelt der Dolomiten und von Vorarlberg sowie die Gebietsbeschreibung „Die Alpen von Zell am See bis Bregenz" ermöglicht – arbeitete Heinz Janetschek auch in den französischen Alpen und in der spanischen Sierra Nevada. Einen Höhepunkt seines Lebens bedeutete ihm die Feldarbeit im Nepal Himalaya (1961) und im MacMurdo-Gebiet in der Antarktis (1961/62).

In den letzten zehn Jahren seiner Amtszeit konzentrierte sich das Forschungsinteresse von Heinz Janetschek wieder auf den engeren Alpenraum, zum Beispiel auf „aktuelle Probleme der Hochgebirgsentomologie" (1974) und galt der Besiedlung der zentralalpinen Grasheide, insbesondere im Bereich der alpinen Forschungsstelle Obergurgl.

Nach seiner Emeritierung entstand seine umfassende Veröffentlichung (1993) „Über Wirbellosen-Faunationen in Hochlagen der Zillertaler Alpen“ (Ber. nat.-med. Verein Innsbruck Bd.80:121-165). Darin sind die Untersuchungslokalitäten Gipfelfluren, Schneeböden, hochalpine Grasheiden und Gletschervorfelder mit ihren Artengarnituren taxonomisch und zönotisch behandelt. Die historisch-tiergeographischen Konzepte einer inneralpinen Eiszeitüberdauerung von Kleintieren im Bereich der Gipfelfluren sowie einer refugialen Überdauerung in Höhlen werden durch das dokumentierte Material bekräftigt.

Unterstützung fand Heinz Janetschek bei seinen Forschungen schon früh bei den Alpenvereinen, durch Wirtsleute und Bergführer der Berliner Hütte und des Hochjochhospizes sowie in finanzieller Hinsicht durch den Deutschen Alpenverein (Sektion Berlin).

Im September 2010 wurde von der Fakultät für Biologie im Hochjoch-Hospiz in den Ötztaler Alpen eine Gedenktafel für Univ. Prof. Dr. Heinz Janetschek (1913-1997) angebracht. Diese soll an die Verdienste des Tiroler Zoologen erinnern, die er sich für die Erforschung der Kleintierwelt der Alpen, insbesondere der Nivalstufe, der alpinen Grasheiden, der extremen Lebensräume und am Lebensraum Boden erworben hat.

Eugen Ritter von Böhm-Bawerk

Christian Smekal

Eugen Ritter von Böhm-Bawerk

Eugen Ritter von Böhm-Bawerk wurde am 12.2.1851 in Brünn geboren. Schon 1859 übersiedelte nach dem Tod seines Vaters im Jahre 1857 die Familie nach Wien. Böhm-Bawerk besuchte das renommierte Schottengymnasium, wo er Freundschaft mit seinem späteren Schwager, dem berühmten Kollegen und Mitbegründer der Österreichischen Schule der Nationalökonomie, Friedrich Freiherr von Wieser schloss. Die beiden Freunde beendeten das Gymnasium mit dem Prädikat „reif mit Auszeichnung".

Wie es in vielen damaligen Beamtenfamilien üblich war, inskribierte Böhm-Bawerk im Jahre 1868 an der Universität Wien das Jusstudium. Sein Berufsweg sollte ursprünglich in die gehobene Staatsverwaltung führen. Schon bald entwickelte der junge Student aber ein besonderes Interesse an der Politischen Ökonomie. Nach Beendigung seines Studiums 1875 nahmen er und sein Freund Wieser ein zweijähriges Stipendium in Anspruch, um an den deutschen Universitäten Heidelberg, Leipzig und Jena Nationalökonomie zu studieren. Besonders fruchtbar war für Böhm-Bawerk die Zeit in Heidelberg, wo er sich im Seminar von Carl Gustav Knies erstmals eingehend mit der Begründung von Zinstheorien beschäftigte.

Zurückgekehrt nach Wien erhielt Böhm-Bawerk 1879 die Einladung, als Praktikant an den Beratungen zur österreichischen Steuerreform im Finanzministerium mitzuwirken. Sein Hauptinteresse galt jedoch der Vorbereitung seiner Habilitation für Politische Ökonomie an der Wiener Universität. Bei dem gerade erst berufenen Professor Carl Menger reichte er die Arbeit „Kritische Beiträge zur Lehre vom Gute und der Güternutzung" ein und erlangte 1980 die Dozentur für das Fach Politische Ökonomie.

Nach dem Ruf des Innsbrucker Professors Carl Theodor von Inama-Sternegg nach Prag wurde die Lehrkanzel für Politische Ökonomie in Innsbruck frei. Der Besetzungvorschlag der Innsbrucker Fakultät, auf dem mehrheitlich „reichsdeutsche Kandidaten" aufschienen, wurde jedoch vom damaligen Unterrichtsminister Conrad Eybesfeld nicht angenommen. Stattdessen empfahl der Minister eine Supplierung durch den Praktikanten im Finanzministerium Dr. Eugen Ritter von Böhm-Bawerk für zunächst vier Monate. Böhm-Bawerk ersuchte daraufhin die Innsbrucker Fakultät, seine Wiener Habilitation für Politische Ökonomie anzuerkennen, was noch im Jahre 1880 erfolgte. Nach der Aufnahme der Vorlesungstätigkeit in den Fächern „Finanzwissenschaft" und „Nationalökonomie" wurde die Frist der Supplierung verlängert. 1881 erfolgte die Ernennung zum außerordentlichen Professor, 1884 zum ordentlichen Professor an der Universität Innsbruck. In den Jahren 1884/85 fungierte Böhm-Bawerk als Dekan der Rechts- und Staatswissenschaftlichen Fakultät.

Böhm-Bawerk fühlte sich in Innsbruck wohl. In Briefen an seinen „Habilitationsvater" Carl Menger äußerte er, dass Innsbruck seine liebste Stadt, die Natur wundervoll und die Menschen freundlich seien. An den Föhn könne man sich gewöhnen. 1882 lehnte er einen Ruf nach Prag ab, bemerkte aber, dass er nicht für immer in Innsbruck begraben werden möchte.

1889 beendete der erst 38-Jährige seine Lehr- und Forschungstätigkeit in Innsbruck und wechselte nach Wien, wo er im Finanzministerium zum Ministerialrat und Vorstand des „Departments für directe Steuern“ ernannt wurde. Der Grund für den Wechsel des inzwischen international anerkannten Wirtschafts- und Finanztheoretikers in die Finanzverwaltung mag erstaunen, ist aber wohl auch darin zu sehen, dass das Unterrichtsministerium zweimal (1887 und 1889) einen Ruf Böhm-Bawerks an die Universität Wien mit der Begründung ablehnte, seine wissenschaftliche Ausrichtung sei zu abstrakt und zu theoretisch.

Böhm-Bawerk war ein hartnäckiger Gegner der in seiner Zeit vorherrschenden „Historischen Schule der Nationalökonomie“. Die historische Schule, an deren Spitze der angesehene Nationalökonom Gustav Schmoller stand, war bestrebt, einerseits aus einer historisch-realistischen und andererseits aus einer historisch-idealistischen Betrachtungsweise Erkenntnisse für die wirtschaftliche Entwicklung und wirtschaftspolitische Gestaltung zu gewinnen. Aus der historischen Tatsachenforschung sollten die Veränderlichkeit und die zeitliche Bedingtheit wirtschaftlicher Phänomene abgeleitet und vor allem Hinweise für sozial- und wirtschaftspolitische Maßnahmen gewonnen werden. Wegen ihrer starken sozialpolitischen Ausrichtung wurden die Vertreter der historischen Schule auch als „Kathedersozialisten“ bezeichnet.

Mit dieser Auffassung geriet die historische Schule in einen heftig ausgetragenen Gegensatz zu den beiden Vertretern der „Österreichischen Schule der Nationalökonomie“ Carl Menger und Eugen Böhm-Bawerk. Besonders die teilweise polemisch ausgetragene Auseinandersetzung zwischen Gustav Schmoller und Carl Menger ist als Methodenstreit in die Geschichte der ökonomischen Wissenschaft eingegangen.

Carl Menger und Böhm-Bawerk bekannten sich zu einer klassisch-rationalen Analyse wirtschaftlicher Phänomene. Sie wollten grundsätzliche Erklärungen der wirtschaftlichen Phänomene des Nutzens, des Güterwertes und des Preises gewinnen. Dies könne nur mit Hilfe theoretischer und abstrakter Analysemethoden gelingen. Im ausführlichen Vorwort zu seinem 2. Hauptwerk „Positive Theorie des Kapitals“ (1888) bemühte sich Böhm-Bawerk seine theoretische Analysemethode zu begründen und sich von der historischen Schule abzugrenzen. Die historische und statistische Forschung sei durchaus in der Lage, wichtiges und umfangreiches Erfahrungsmaterial zu erschließen. Zur theoretischen Erklärung des Kapitalzinses und der Produktivität des Kapitals sei aber die Methode der Abstraktion und Deduktion erforderlich, um zu neuen Erkenntnissen zu gelangen. Er wolle mit seiner Erkenntnismethode „abstrakt in der Form, aber empirisch im Wesen“ sein. Ihm gehe es darum, das Wesen des Kapitalzinses zu erklären und nicht, ob er gerecht, billig oder nützlich sei.

In seiner Innsbrucker Zeit schuf Böhm-Bawerk sein wissenschaftliches Hauptwerk „Kapital und Kapitalzins“, das seinen Ruf weit über die Grenzen Österreichs und Deutschlands hinaus begründete. In zwei äußerst umfangreichen Bänden setzte er sich das ambitionierte Ziel, das Phänomen der Kapitalproduktivität und des Kapitalzinses endgültig zu erklären. Im ersten Band „Geschichte und Kritik der Kapitalzins-Theorien“ (Wagner'sche Universitäts-Buchhandlung, Innsbruck, 1884) analysiert er in akribischer Weise die bisherigen Zinstheorien von 150 Ökonomen und weist mit kritischer und spitzer Feder deren Widersprüchlichkeiten und Schwächen nach. Auf Grund der Vollständigkeit und Systematik der Analyse erlangte dieses Werk in einschlägigen Fachkreisen bald große Anerkennung, Verbreitung und mitunter auch harsche Kritik. Noch zu Lebzeiten von Böhm-Bawerk erlebte es drei Auflagen.

Fünf Jahre später folgte der zweite Band, in dem sich Böhm-Bawerk die wissenschaftlich noch anspruchsvollere Aufgabe vornahm, eine „Positive Theorie des Kapitales“ zu entwickeln (Wagner'sche Universitäts-Buchhandlung, Innsbruck, 1889). Der Anspruch, auf theoretischem Wege eine Lösung des lange diskutierten Kapitalzinsproblems gefunden zu haben, löste naturgemäß heftige Diskussionen und Einsprüche in der ökonomischen Fachwelt aus. Der Großteil der Ökonomen musste aber die logische Stringenz und analytische Brillanz der theoretischen Ableitungen anerkennen. Rasch erfolgte eine Übersetzung ins Englische. Da sich Böhm-Bawerk bei der Formulierung seines Modells noch nicht mathematischer Methoden bediente, nahm der schwedische Ökonom Knut Wicksell 1892 eine mathematische „Reformulierung“ seiner Theorie vor.

Der Erklärung des Kapitalzinsproblems nähert sich Böhm-Bawerk von zwei Seiten. Zunächst geht er von der psychologischen Erfahrung aus, dass Menschen Gegenwartsgüter stets höher schätzen als Zukunftsgüter derselben Art und Zahl. Dies ist in erster Linie eine Folge der Unsicherheit der Zukunft, die mit der Dauer des jeweiligen Zeitraumes zunimmt. Somit wird gegenwärtigen Gütern in der Regel eine höhere Wertschätzung zugemessen. Dann sind es aber vor allem produktionstechnische Gründe, die zu einer Bevorzugung gegenwärtiger gegenüber zukünftiger Güter führen. Um künftige Güter zu produzieren, müssen oft längere Produktionsumwege vorgenommen werden. Dazu braucht es Kapital, das in der Gegenwart in entsprechender (Güter)Menge verfügbar sein muss, um sich lange und teure Produktionsumwege leisten zu können. Diese Produktionsumwege gehen zwar zu Lasten des Gegenwartskonsums, sie schaffen aber eine „Mehrergiebigkeit des Kapitals", die Böhm-Bawerk als die physische Produktivität des Kapitals bezeichnet. Aus beiden Fällen ergibt sich die Schlussfolgerung, dass gegenwärtige Gütersummen im Falle ihrer Hingabe als „Mehrwert schaffende Capitalgüter" den Kapitalzins begründen. Die Kapitalzinstheorie Böhm-Bawerks ist in der internationalen Fachwelt immer wieder kritisiert, ergänzt und weiterentwickelt worden. In ihren grundsätzlichen Modellannahmen konnte sie aber bis heute nicht erschüttert werden.

Nach Veröffentlichung seiner beiden Hauptwerke in Innsbruck nahm Böhm-Bawerk eine Berufung zum Ministerialrat im Finanzministerium in Wien an. Bereits im Jahre 1891 wurde er zum Sektionschef ernannt. Die Regierungsvorlage zur Reform der direkten Personalsteuern von 1895 trug deutlich seine Handschrift. In diesem Jahre wurde er für eine kurze Übergangszeit zum Finanzminister berufen. Dies wiederholte sich vom November 1897 bis März 1898. Von 1900 bis 1904 folgte eine dritte, diesmal längere Periode als Finanzminister. Mit seinen bahnbrechenden steuerpolitischen Ideen kann er als Schöpfer des modernen Einkommensteuersystems bezeichnet werden. Neben seiner Tätigkeit im Ministerium widmete sich Böhm-Bawerk weiter der Wissenschaft und akademischen Lehre. Die Universität Wien bestellte ihn 1891 – gewissermaßen als Wiedergutmachung für die früheren abgelehnten Berufungen – zum Honorarprofessor für Politische Ökonomie. Nach seinem Ausscheiden aus dem Finanzministerium im Jahre 1904 begeisterte er seine Studenten als scharfsinniger und geistreicher Lehrer in seinen Seminaren. 1911 wurde er zum Präsidenten der Kaiserlichen Akademie der Wissenschaften in Wien berufen, eine Funktion, die er bis zu seinem Tode im Jahre 1914 ausübte. Im Sommer 1914 starb Böhm-Bawerk überraschend während eines Ferienaufenthaltes im Tiroler Dorf Kramsach im Alter von 64 Jahren. Die Stadt Wien widmete ihm ein Ehrengrab auf dem Wiener Zentralfriedhof.

Zur Würdigung des großen Wissenschaftlers und Finanzpolitikers beschloss die damalige Sozial- und wirtschaftswissenschaftliche Fakultät der Universität Innsbruck im Jahre 1980 die Einrichtung einer wissenschaftlichen „Böhm-Bawerk Vorlesungsreihe". International renommierte Ökonomen, darunter mehrere Träger des Nobelpreises für Ökonomie, haben seither über neuere Entwicklungen der Politischen Ökonomie vorgetragen. Die Stadt Innsbruck genehmigte im selben Jahr einen Antrag der Universität Innsbruck, den großen Vorplatz vor dem neu errichteten Gebäude der Sozial- und Wirtschaftswissenschaften „Böhm-Bawerk-Platz" zu nennen.

Fritz Pregl

Franz Huter

Die Schule der Medizinischen Chemie

Fritz Pregl

Die „Schule der Medizinischen Chemie" in Innsbruck hat den Wissenschaftsstandort Innsbruck besonders geprägt: Drei aufeinander folgende Professoren erhielten im ersten Drittel des 20. Jahrhunderts jeweils den Nobelpreis: Fritz Pregl (1923) für die Verfeinerung und Optimierung der mikrochemischen quantitativen Analyse, Adolf Windaus (1928) für die Erforschung des Aufbaus der Sterine und seine bahnbrechenden Arbeiten über Vitamine und Hans Fischer (1930) für die Synthese des Hämins und die Aufklärung des Baus von Blut-, Gallen- und Pflanzenfarbstoffen.

Der Grazer Privatdozent Fritz Pregl (1869-1930) nahm in den Wochen vor seiner Innsbruck-Berufung 1910 die Arbeiten zur Reduktion der für die chemische Elementaranalyse erforderlichen Substanzmengen (chemische Mikroanalyse) auf.

Im Frühjahr 1911 schrieb Pregl nach Graz: *„Im verflossenen Monate waren es die Schwächen meiner Methode der Mikroelementaranalyse, die meine ganze Zeit und Persönlichkeit absorbierten."* Ende 1911 erschien Pregls gemeinsam mit seinem Grazer Kollegen Hans Buchtala veröffentlichter mikroanalytischer Forschungsbericht „Erfahrungen über die Isolierung der spezifischen

Adolf Windaus

Gallensäuren". 1912 entsandten Zürcher und Berliner Kapazitäten wie Richard Willstätter oder Emil Fischer Schüler zum Studium der Pregl'schen Methode nach Innsbruck, er selbst schrieb im Mai 1912: *„Am Ende des Wintersemesters war ich schwer überarbeitet. Ich habe die Mikroelementaranalyse verbessert, verfeinert, vereinfacht und noch weiter ausgebaut. Sie stellt nun einen fertigen Guß vor. Die Methoden sind bis in die geringsten Kleinigkeiten ausprobiert und die Vorschriften derartig, daß nunmehr Änderungen nur schaden könnten."* Pregl erhielt 1923 den Nobelpreis für Chemie. Pregls Mikroanalyse hat die Forschung auf dem Gebiet der Vitamine, Fermente und Hormone entscheidend vorangetrieben.

Obwohl Pregl 1911 eine Berufung nach Berlin mit der Begründung ablehnte, es sei ein größeres Glück, *„in gewohnter Umgebung ruhig forschen zu können, als wieder die Gemütspein einer Ortsveränderung mitmachen zu müssen"*, hat er sich in Innsbruck nicht übermäßig wohl gefühlt. Er sprach von *„geistiger Vereinsamung"* und riet jedenfalls im Juni 1913 aus Anlass einer Wiener und Grazer Berufungsoption: *„In dieser Woche sollen also die Würfel darüber fallen, ob ich zeitlebens in Innsbruck verbauern soll oder ob ich in die Kulturwelt wieder eintreten darf."*

Adolf Windaus

Pregl, der 1913 nach Graz zurückkehrte, empfahl im Juli 1913 als Fakultätsreferenten für seine Innsbrucker Nachfolge Adolf Windaus (1876-1959), dem in Anerkennung seiner Forschungen auf dem Gebiet der Konstitutions-

Hans Fischer

aufklärung der Sterine und ihrer Beziehungen zu den Vitaminen 1928 der Nobelpreis für Chemie verliehen wurde: „Auf Grund dieses Gutachtens hat mithin der Ausschuß einstimmig beschlossen, der Medizinischen Fakultät für den Fall einer notwendig werdenden Wiederbesetzung der Medizinisch-chemischen Lehrkanzel folgende Terne zu empfehlen: Primo loco: Professor Windaus, Freiburg iB., Secundo loco: Professor Panzer, Wien, Tierärztliche Hochschule, Tertio loco: Professor Knoop, Freiburg iB."

Hans Fischer

Nach knapp zweijähriger Tätigkeit ging Windaus 1915 nach Göttingen. Ihn löste der Münchner Privatdozent Hans Fischer (1881-1945) ab, der nach ebenfalls kurzer Zeit 1918 Innsbruck Richtung Wien verließ und 1921 nach München zurückkehrte. Ihm wurde 1930 der Nobelpreis für Chemie in Anerkennung seiner Verdienste um die Synthese des Hämins verliehen. Am 6. März 1916 fertigte das Ministerium das Ernennungsdekret für Fischer aus: „Seine k.u.k. Apostolische Majestät haben mit Allerhöchster Entschließung vom 28. Februar l.J. den mit dem Titel eines Professors bekleideten Privatdozenten an der Universität in München, Dr. Hans Fischer, zum ordentlichen Professor der angewandten medizinischen Chemie an der k.k. Universität in Innsbruck mit den systemmäßigen Bezügen, und zwar mit der Rechtswirksamkeit vom 1. März 1916 allergnädigst zu ernennen geruht."

Fahne der Innsbrucker Studentenkompanie 1848

Studierendengruppe am
Universitätsarchiv und Peter Goller

Aloys Oberrauch

Nach 1848 war die Innsbrucker Universität als „Verbannungsstelle“ für radikal republikanisch revolutionäre Studenten, die an ihren ursprünglichen Hochschulen nicht mehr geduldet wurden, in Aussicht genommen worden.

Der durch die habsburgischen Länder getriebene Sarntheiner Schlossermeistersohn und Rechtsstudent Aloys Oberrauch, der an den Barrikaden des Wiener Oktoberaufstandes 1848 gekämpft hatte, schien der habsburgischen Reaktion nach zweijähriger Verfolgung aber immerhin so isoliert, dass man ihn wieder zum Studium zulassen könnte. Im Oktober 1850 schrieb die Tiroler Statthalterei an den Akademischen Senat:

„Das hohe Ministerium des Cultus und Unterrichtes hat ... dem Alois Oberrauch die Fortsetzung der Studien nicht ganz zu versagen, jedoch zu bemerken befunden, daß es einerseits wegen der Antecedenzien desselben, andererseits wegen der größeren Schwierigkeit der Uiberwachung in der stark bevölkerten Residenz, und bei einer Studentenzahl von mehreren Tausenden ganz unzuläßig sei, diesfalls die Universität zu Wien in das Auge zu fassen; daß aber ... demselben eine der kleineren oesterreichischen Universitäten, an der er leicht überwacht werden kann, und die Zweifelhaftigkeit seines Karakters noch am wenigsten gefährlich sein würde, in der

Voraussetzung zu erschließen, daß der Rektor denselben bei der Immatrikulation insbesondere vorrufe, und ihm bedeute, daß seine Aufnahme nur eine bedingte sei, und ein ungehöriges akademisches oder politisches Verhalten seine Relegation von allen oesterreichischen Universitäten unnachsichtlich zu Folge haben würde."

Schon im Juni 1850 hatte die Statthalterei erstmals der Universität Innsbruck die „ungünstigen Antecedenzien" (= Vorleben) dargelegt:

„Alois Oberrauch aus Sarnthein im Bezirke Bozen gebürtig, studirte in den Jahren 1847 und 1848 die Philosophie an der Wiener Hochschule, betheiligte sich als Mitglied der Studenten-Legion an den Oktober-Ereignissen des J. 1848 in Wien, verlor bei dieser Gelegenheit einen Fuß, begab sich Anfangs des Jahres 1849 nach Graz, wurde an der dortigen Universität als Jurist aufgenommen, angeblich wegen eines Streits in einem Gasthause nach erhaltenem zweitägigen Strafarreste von der Universität relegirt, ... begab sich aber freiwillig nach Bozen, wo er Mitte Mai v.Js. ankam, sich theils daselbst, theils in dem nahegelegenen Sommerfrischorte Ritten ohne Beschäftigung bis Mitte September aufhielt. Sein Benehmen in Bozen u. auf dem Ritten gab zu keinem politischen Einschreiten Veranlassung. In seine Heimath nach Sarnthal wagte er nicht zu gehen, weil ihm die dortigen Bauern, wie verlautet, mit dem Tode gedroht haben sollen. Mit einem auf ein Jahr giltigen Reisepasse entfernte sich Alois Oberrauch in der zweiten Hälfte des September 1849 wieder von Bozen, kam nach München und weil er dort zur Fortsetzung seiner juridischen Studien nicht aufgenommen wurde, nach Erlangen und nach kurzem

Aufenthalte im Dezember 1849 nach Leipzig, von wo er sodann in Folge hoher Ministerialweisung über Verwendung der Polizeidirektion mittelst gebundener Marschroute nach Hause verwiesen worden ist."

Die Innsbrucker Rechtsprofessoren glaubten wohl eine besonders günstige Gelegenheit vorzufinden, sich reaktionärer als die Staatsbürokratie zu erweisen. Am 8. August 1850 meldeten sie jedenfalls an den Senat, dass sie „jene beruhigende Überzeugung nicht gefunden [hätten], um zu Aufnahme desselben [Oberrauch] als Juristen einrathen zu können." Oberrauch habe sich im Oktober 1848 nämlich bis zuletzt „an der revolutionären Bewegung" beteiligt, er habe bis zuletzt auf der Bastei und in der Kärntnerstraße gekämpft:

„Dieser Umstand der Antheilnahme an den Oktoberbewegungen wird durch den Brief des Hof- und Gerichtsadvokaten Dr. Kaffka vom 20. Juni 1850 selbst bestärkt, indem derselbe sagt, daß es ihn viel Mühe kostete, ihn zur Mäßigung und Besonnenheit zu bringen, die doch gewiß nicht nöthig gewesen wäre, wenn Oberrauch, wie dieser Doktor bemerkt, nur die Freiheit, nicht aber ihren Mißbrauch wollte." In Graz habe er sich weiterhin von der „gefährlichsten Gesinnung" gezeigt. All dies belege, dass sich Oberrauch nur so lange politisch ruhig verhält, als ihm „die Ortsverhältniße u. anderen Umstände keine Gelegenheit bieten, gegentheilige Gesinnungen an den Tag zu legen": „Alle diese hier nur ganz kurz berührten Umstände sind es, welche gefertigten Lehrkörper bestimmen, sich für die Unzulässigkeit der Aufnahme des Alois Oberrauch als Juristen an der hieortigen Fakultät auszusprechen."

In Graz und Marburg (Maribor) an der Drau hatten sich Anfang 1849 unter der Führung Oberrauchs relegierte Studenten gesammelt. Sie studierten die „Lehren Hegels", trugen Jakobinermützen und rote Hemden, sympathisierten mit sozialistischen Ideen. In den Gasthäusern hielten sie revolutionäre Reden, die Julius Bunzel 1913 in seiner Geschichte über die Anfänge der Arbeiterbewegung in der Steiermark als „schlüpfrige Wirtshausreden" qualifizierte: „Als diese Dinge ruchbar wurden, floh Oberrauch, worauf sich die Genossen verloren." Vom Herbst 1850 bis Sommer 1852 studierte Oberrauch dann in Innsbruck Jus. Sein weiteres Schicksal bleibt noch aufzuklären.

Noch einmal musste die Universität Innsbruck widerwillig einen an den Revolutionskämpfen beteiligten Studenten akzeptieren, 1853 den aus dem galizischen Rossulna stammenden Odillo Scherff, Sohn eines Salinenhüttenmeisters. Nach Jahren in einer k.k. Strafkompanie sei Scherff, ursprünglich Student in Lemberg, „geläutert".

Die AutorInnen

Univ.-Prof. Dr. Heinz Barta
Heinz Barta ist Professor i. R. für Zivilrecht an der Universität Innsbruck. Er hat sich in seinem bisherigen wissenschaftlichen Werk vielfach mit der sozialen Aufgabe des Privatrechts befasst.

Univ.-Prof. Dr. Franz Huter
Franz Huter (1899-1997) war Professor für Österreichische Geschichte an der Universität Innsbruck und Begründer sowie langjähriger Leiter des Universitätsarchivs Innsbruck.

Dr^{in}. Susanne Lichtmannegger
Susanne Lichtmannegger ist Historikerin und unter anderem Autorin diverser Biografien von österreichischen WissenschaftlerInnen. Sie ist Leiterin des Bereichs International Relations des Management Center Innsbruck (MCI).

Ass.-Prof. Mag. Dr. Wolfgang Meixner
Wolfgang Meixner ist Wirtschafts- und Sozialhistoriker am Institut für Geschichtswissenschaften und Europäische Ethnologie der Universität Innsbruck. Derzeit ist er Vizerektor für Personal.

Univ.-Prof. Dr. Józef Niewiadomski
Józef Niewiadomski ist Professor für Dogmatik an der Katholisch-Theologischen Fakultät der Universität Innsbruck und seit 2004 Dekan dieser Fakultät.

Arno Ritter
Arno Ritter ist seit 1995 Leiter des Architekturforum Tirol in Innsbruck (seit 2005 aut. architektur und tirol). Darüber hinaus ist er Mitglied des Landeskulturbeirates für Tirol und Lehrbeauftragter für „Architekturkritik" an der Universität Innsbruck.

ao. Univ.-Prof. Dr. Martin Sexl
Martin Sexl ist stellvertretender Leiter des Instituts für Sprachen und Literaturen. Er ist im Bereich Vergleichende Literaturwissenschaft tätig.

Univ.-Prof. Dr. Christian Smekal
Christian Smekal ist emeritierter Professor für Finanzwissenschaft an der Universität Innsbruck. Er war von 1995-1999 Rektor und von 2003-2005 Vorsitzender des Senates der Universität Innsbruck. Derzeit ist er stellvertretender Vorsitzender des Universitätsrates.

Univ.-Prof. Dr. Rudolf Steinmaurer
Rudolf Steinmaurer (1903-1999) war ein Schüler von Victor Franz Hess und Professor für Physik an der Universität Innsbruck. Er leitete knapp 30 Jahre lang das Institut für Experimentalphysik.

Studierendengruppe am Universitätsarchiv und Univ.-Doz. Dr. Peter Goller
Peter Goller ist Historiker und Archivar an der Universität Innsbruck. Er ist Autor einer Vielzahl von Aufsätzen und Fachpublikationen über die Geschichte und den damit verbundenen Akteuren der Universität Innsbruck. In diesem Zusammenhang betreut er auch Studierende.

Univ.-Prof. Dr. Konrad Thaler
Konrad Thaler (1940-2005) war Zoologe und Leiter der Abteilung für Terrestrische Ökologie und Taxonomie. Sein wissenschaftlicher Schwerpunkt lag in der Erforschung von Spinnen.

Univ.-Prof. Dr. Hans Voltelini
Hans Voltelini (1862-1938) war Professor für Österreichische Geschichte an der Universität Innsbruck und ab 1908 Professor für Deutsches Recht und Österreichische Reichsgeschichte an der Rechtsfakultät der Universität Wien. Er hat Mitte der 1920er Jahre zur Gründungs- und Wiedergründungsgeschichte der Universität Innsbruck geforscht.